Hohenheim

WOLFGANG THIERSE
im Gespräch mit
ULRICH WICKERT

Das richtige
Leben im
falschen System

Mit dreizehn Beiträgen
von Wolfgang Thierse
und einem Vorwort
von Jens Reich

Hohenheim Verlag
Stuttgart · Leipzig

Die Deutsche Bibliothek – CIP-Einheitsaufnahme
Ein Titeldatensatz für diese Publikation ist bei der Deutschen
Bibliothek erhältlich

© 2001 Hohenheim Verlag GmbH, Stuttgart · Leipzig
Lizenz für das Gespräch von Wolfgang Thierse
mit Ulrich Wickert durch:
ZDF Enterprises GmbH
© 2001 ZDF
Alle Rechte vorbehalten
Satz: Hahn Medien GmbH, Kornwestheim
Druck: Ludwig Auer GmbH, Donauwörth
Printed in Germany
ISBN 3-89850-046-2

Inhalt

Der PHOENIX-Zeitzeuge
Wolfgang Thierse

Mit der Gesprächsreihe „Zeitzeugen" bietet PHOENIX dem politisch Interessierten eine Geschichtsstunde der besonderen Art. Im Mittelpunkt der Begegnung stehen vor allem Politiker, die der Bundesrepublik in den letzten fünfzig Jahren Gesicht und Stimme verliehen haben.

Mit „Mister Tagesthemen" Ulrich Wickert konnte PHOENIX einen profilierten Journalisten mit langjähriger Erfahrung im In- und Ausland als Gesprächspartner gewinnen. Er stellt nicht nur den Politiker, sondern auch den Menschen vor.

Daß das Interview mit Bundestagspräsident Wolfgang Thierse nun nach einer redaktionellen Überarbeitung in gedruckter Form vorliegt, ist das Ergebnis einer fruchtbaren Zusammenarbeit der Medien Buch und Fernsehen, die hier am selben Strang ziehen – mit Gesprächen zum Nachlesen und Nachdenken.

Im PHOENIX-Gespräch mit Ulrich Wickert äußert sich der Bundestagspräsident zur herausragenden Rolle des Parlaments im politischen Prozeß. In einer Demokratie verfügt die Volksvertretung über „eine gesonderte und unüberbietbare Legitimation". Wolfgang Thierse weiß, wovon er spricht. Er hat viele Jahre seines Lebens in der DDR verbracht, in der das Parlament lediglich „Akklamationsorgan" einer totalitären Führung war.

In letzter Zeit mußte sich der Bundestagspräsident wiederholt mit der These von Leitartiklern auseinandersetzen, das Parlament verliere im politischen Kräftespiel zunehmend an Bedeutung. Wolfgang Thierse sieht die

Ursache für diese Wahrnehmung vor allem in der Vielzahl von Talkshowauftritten der Abgeordneten. Wichtige politische Erklärungen würden in erster Linie in Fernsehinterviews oder in Fernsehdiskussionen und allenfalls verspätet im Deutschen Bundestag abgegeben.

Der Parlaments- und Ereigniskanal PHOENIX hat im vergangenen Jahr 356 Stunden allein aus dem Bundestag berichtet. Die beachtliche Zuschauerresonanz und gezielte Publikumsbefragungen lassen den Schluß zu, daß PHOENIX durch seine umfassende Berichterstattung die Rolle des Parlaments ins rechte Fernsehlicht rücken kann. In diesem Sinne wäre es hilfreich, wenn der Bundestag, soweit nicht schutzwürdige Interessen beeinträchtigt würden, auch die eine oder andere Ausschußsitzung fernsehöffentlich machen würde. Wichtige und schwierige politische Arbeit wird schließlich nicht nur im Plenum, sondern auch in den Ausschüssen geleistet. Das sollte man in der „Mediendemokratie" dem Publikum nicht vorenthalten.

Das Zeitzeugen-Gespräch mit Wolfgang Thierse ist, auch über die hier angesprochene Thematik hinaus, von hoher Aktualität. Thierses analytische Präzision und seine rhetorische Begabung machen es, nicht zuletzt dank Ulrich Wickerts Gesprächsstil, zu einem lesenswerten Dokument politischen Denkens in der Bundesrepublik.

Bonn, im August 2001   *Klaus Radke*
                    ARD-Programmgeschäftsführer
                                    PHOENIX

Jens Reich

Der Sprecher ostdeutscher Nöte

*Wolfgang Thierse scheut sich nicht, auch
unpopuläre Standpunkte zu vertreten*

Wolfgang Thierse war ebenso wie ich viele Jahre Mitarbeiter an der Akademie der Wissenschaften der DDR,
und doch sind wir uns nie begegnet. Das liegt daran, daß
er bei den Geisteswissenschaftlern als Germanist und
ich bei den Naturwissenschaftlern als Mediziner tätig
war. Es war typisch, daß sich Querverbindungen nicht
auf der Arbeitsebene, sondern allenfalls in den obersten
Gremien der Akademie ergaben, wo sich Wissenschaftspolitik und interdisziplinäres Gespräch mischten. Viele
der „einfachen" Wissenschaftler arbeiteten wie die
Maulwürfe in ihrer fachlichen Nische und versagten sich
dem „Blick über den Tellerrand", weil sie die bald notwendig werdende politische Konfession vermeiden wollten. So kam es, daß Thierse nach dem Sinn der ästheti-
schen Grundbegriffe in der deutschen Sprache und ich
nach dem Sinn der chemischen Grundbegriffe im
menschlichen Genom suchte; er in Berlin-Mitte, ich in
Berlin-Buch, und wir hatten bis zum Herbst 1989 nicht
voneinander gehört.

Auch im Herbst lernten wir uns nicht kennen, obwohl
sich nunmehr die Wege leicht hätten kreuzen können,
denn wir waren beide im Neuen Forum Berlin. Die erste
Erinnerung an Thierse habe ich in Gestalt eines Briefes,
den er Anfang 1990 an mich als Vertreter des Berliner
Sprecherrats schrieb. Der Brief enthielt Vorschläge für

die notwendige Gestaltung eines Wahlgesetzes der DDR für die bevorstehenden Schicksalswahlen, und er zeigte bereits die für Thierse charakteristische pragmatische Mischung aus fester Position und Fairneß gegenüber dem politisch anders Orientierten. Der Vorschlag wurde damals im Berliner Neuen Forum besprochen; in das Wahlgesetz ist davon wohl eher nichts eingegangen – alles war zu chaotisch und kontrovers in den aufregenden Wintertagen 1989/90.

Wolfgang Thierse ist, wie die Rückschau zeigt, einer der wenigen politischen Neulinge jener Wochen geworden, die ihren Weg in die aktive Politik der Bundesrepublik fanden und sich dort behaupten konnten. Er trat bald nach jenem Brief in die neue SPD/Ost ein und wurde dort aufgrund seines ruhigen Pragmatismus schnell in vordere Positionen gebracht. Die Wahl vom 18. März 1990 bescherte ihm einen Sitz in der Volkskammer. In den Sommerwirren um die große Koalition der DDR-Regierung behielt er einen klaren Kopf und wurde Fraktionsvorsitzender, als die Koalition auseinanderbrach und die SPD gleichwohl nicht in kategorische Opposition gegen die Minderheitsregierung de Maizière gehen mochte. Über den Verlauf der staatlichen Einigung war die Ost-SPD damals tief gespalten, Thierse wohl auch innerlich, obwohl er seinen Kurs hielt mit dem berühmten Aufruf an alle Gegner des Einigungsvertrages im letzten DDR-Parlament: „Liebe Leute, wir fallen doch nicht unter die Räuber!" Es gehört zu den Spannungen zwischen Thierse und seinen Wählern, daß gerade darüber auch heute noch geteilte Meinungen bestehen.

Auch nach der Volkskammerzeit sind wir uns nur gelegentlich begegnet. Einige Male nach dem Gottesdienst (wir sind beide katholisch, obwohl in verschiedenen Berliner Gemeinden), wenn das Gemeindevolk sich vor der Kirche begrüßt, sowie gelegentlich bei Veranstaltungen der SPD: Thierse war einer der wenigen, die etwas mit dem neuen SPD-Schiff „Willy-Brandt-Haus" in der Berliner City anzufangen wußten, bevor der ganze Troß aus dem Ollenhauerhaus in Bonn dazustieß und es mit dem Bürokratengesumm einer Parteizentrale erfüllte: Er organisierte kulturpolitische und historische Diskussionen über die Grenzen seiner sonst oft abgeschotteten Partei hinweg. Ein oder zwei Mal haben wir auch privat vor anstehenden Wahlen über das Verhältnis zur SPD diskutiert – er als Kandidat, ich als Pankower Wahlbürger.

Im Gegensatz zu vielen SPD-Genossen aus der alten Bundesrepublik war sich Thierse im unklaren, wie hart man die PDS-Kandidaten anzufassen hatte, von denen er viele natürlich aus der DDR-Zeit aus anderen, oft gar nicht politischen Zusammenhängen kannte. Recht typisch war seine Beißhemmung in der Kampfkandidatur Prenzlauer Berg/Mitte gegen den Schriftsteller Stephan Heym, der für die PDS antrat. Thierse war an scharfer Konfrontation gehindert aus Hochachtung vor Heym, dem unerschrockenen Opponenten gegen die DDR-Politik, der in den Jahren davor für die Machthaber literarische Unperson war und deshalb in evangelischen Kirchenkreisen mit seinen Lesungen überfüllte Gemeindesäle erzeugte. Thierse war ratlos vor den großformatigen Allgemeinplätzen Heyms über die Möglichkeiten einer politischen Arbeit für die PDS im Bundestag. So kämpfte er wie ein Boxer mit herabhängenden Armen, wich den Attacken aus und schlug auch dann nicht auf ihn ein, wenn der Gegner offene politische Flanken zeigte. Thierse verlor die Direktwahl. Er verlor sie vier Jahre darauf noch einmal gegen die PDS, in neuer Gegnerschaft. Ihn enervierte sichtlich das FDJlerin-und-Pionierleiterin-Gehabe der Gegenkandidatin Petra Pau; aber so richtig verbal einschlagen mochte er auf die junge Frau auch nicht, die sich in vielen umgangs- und körpersprachlichen Nuancen unbekümmert als sortenreines DDR-Gewächs zeigte.

Wir hatten doch mit all denen über Jahrzehnte in einem Boot gesessen und unversöhnliche Feindschaft war trotz aller politischen Gegnerschaft bei Thierse nicht erwachsen. Er gehört zu den älteren DDRlern, die Sprache und Gestus nicht einfach der smarten neuen Politmode anpassen wollten. So behielt er auch, wohl gegen den Rat gewandter Berater, seinen äußeren Habitus bei, die Brille aus älteren Moden, das gesetzte Embonpoint, zu dem ihm seine körperliche Statur verhilft, den Vollbart, der zum unübersehbaren Zitat der Reichstagsabgeordneten der alten Schule aus den Jahren vor dem Ersten Weltkrieg wurde, Wilhelm Liebknecht etwa oder Rudolf Virchow. Die paradoxeste Anspielung dieser Barttracht ist freilich die auf Karl Marx, mit dem sich Thierse zweifellos in seiner Zeit als Kulturwissenschaftler in der DDR ausgiebig beschäftigt und auseinandergesetzt hat.

Thierse ist merkwürdig mit Berlin verwachsen, obwohl er doch gar nicht hier aufgewachsen ist. Keine Spur von dem unerträglich anbiederischem Politberlinern in der Sprache, deren dialektfreie Intonation des Deutschen allerdings ebensowenig verrät, daß er aus Thüringen kommt. Auch die eitlen Anglizismen der öffentlich Redenden macht er nicht mit, obwohl seine Variante des Deutschen zum Englischen parallele Tendenzen zeigt, wie es sich für einen Germanisten gehört – das Transkript des Gesprächs mit Ulrich Wickert zeigt seine dem Angelsächsischen verwandte, aber nicht krud nachgeahmte Neigung zum Abschleifen der Flexionsendungen: ich hab, ich sag immer …

Thierse ist ein Neuberliner, der in sein Stadtviertel hineingewachsen ist. Er besucht gern ein Stammlokal alter sozialdemokratischer Tradition und wandert durch die endlosen Hinterhöfe und Seitenwege des riesigen Irrgartens Prenzlauer Berg auf der Suche nach Altem und Neuem. Als Parlamentarier ist er der Sprecher der ostdeutschen Nöte, obwohl er ersichtlich unter der depressiven Jammerstimmung vieler Landsleute leidet und sie lieber in selbstbewußter und handlungsbereiter Stimmung sähe. Er hat sich nicht gescheut, das aufsehenerregende Diktum „Der Osten steht auf der Kippe!" in die Welt zu setzen, so provokatorisch es auch auf viele wirken mußte. Es war eben nicht als Jammertirade gemeint, sondern als Aufruf, aus der Resignation und Lethargie aufzubrechen, um endlich den Anschluß an das neue Europa zu erreichen.

Wolfgang Thierse ist seit drei Jahren Präsident des Deutschen Bundestages, also ein herausragender Vertreter der politischen Klasse der Bundesrepublik. Er ist einer der wenigen Ostdeutschen, die es in den ersten zehn Jahren nach der deutschen Vereinigung in der überregionalen Politik zu etwas gebracht haben. Und er ist einer der wenigen geblieben, die ihr politisches Mandat und den Zugang zur Öffentlichkeit benutzt haben, um eindeutig und ohne halbherzige Umschweife gegen den größten Skandal anzugehen, mit dem wir in Deutschland leben: gegen die weitverbreitete und von Mehrheiten stillschweigend geduldete Gewalt gegen Auswärtige, Ausländer, Andersfarbige, Auffällige. Er ist immer wieder aufgetreten und hat sich mit einer Deutlichkeit positioniert, die sonst nicht Sache der gewählten und stets um das Wohlwollen der Wähler besorgten Politiker ist. Er ist in die Kleinstädte der deutschen Provinz gefahren, hat Schulen besucht, sich in öffentlichen Veranstaltungen der schwierigen Debatte gestellt und sogar die verbalen Attacken der Rechtsextremen ausgehalten.

Diese Debatte ist schwierig. Was die ostdeutschen Bundesländer angeht, so muß er da den Menschen ins Gewissen reden, die ihn erst gewählt haben, die 1998 dazu beitrugen, daß die SPD zur Regierungspartei wurde. Ich meine nicht die Schläger und Hetzer – die sind selbstverständlich eine Minderheit. Immerhin keine zu vernachlässigende, wenn man sich die lange Liste von Totschlag und schwerer Körperverletzung ansieht, die aus rechtsextremen oder antisemitischen Motiven geschehen sind. Diese Täter haben ihn selbstverständlich nicht gewählt. Gewählt hat ihn die schweigende Mehrheit. Keine Gewalttäter, normale Bürger, wie man so sagt. Von denen sehr viele bockig schweigen, wenn ihnen ins Gewissen geredet wird, daß es eine Sache des fraglosen menschlichen Anstandes, der eigenen Selbstachtung ist, daß man Fremden, Gästen, Ausländern, Andersdenkenden die Gastfreundschaft und dann auch das Bürgerrecht nicht verweigert. Sie schweigen, weil sie Ressentiments nähren, aber verbergen wollen – Ressentiments, die wie stets festsitzende Vorurteile natürlich auch ihre Wurzeln haben: in jahrzehntelanger Isolierung von der offenen Welt, in der erzwungenen Anpassung an ein Obrigkeitsregime, in der Enttäuschung darüber, daß ihnen die rauhe Luft der globalen Marktwirtschaft nicht gut tut, daß ihnen nach 1990 die beruflichen Qualifikationen abhanden kamen und die Lebenserfahrung wertlos wurde. Es ist sehr schwierig, sich da um ein aufklärendes Gespräch zu mühen.

Der Politiker gehört zu den wenigen, die dazu Gelegenheit haben, die aber auch weitgehend ohne wirkliche Handlungsmacht sind. Die Wähler haben ihn gewählt, weil sie Hilfe haben wollten, energische Vertretung ihrer

Anliegen. Die Frustration darüber, daß man es nicht schafft, aus der Grube herauszukommen, schlägt in Neid und Haß auf den Politiker um. „Du hast gut reden, du hast deine Diäten, du sitzt in Berlin, du hast es gut!" Die Schülerin antwortet auf die Aufforderung, Courage zu zeigen: „Du kommst hier mit dem Dienstauto und zwei Begleitern – ich muß an den Rabauken allein vorbei, wenn ich abends von der Orchesterprobe nach Hause gehe!" Und: „Das erste, was ich nach der Ausbildung mache, ist eine Fahrkarte nach Westen zu kaufen – dann bin ich den ganzen Druck los!" Und die alte Frau sagt: „Was heißt hier Courage? Wenn ich die Polizei rufe, weil sie auf dem Anger Nazilieder grölen, dann werfen sie mir in der nächsten Nacht die Fensterscheiben ein!"

Wolfgang Thierse ist ganz ratlos, wenn er das alles hört. Er bringt es trotzdem fertig, den Leuten nicht nach dem Munde zu reden, wie es so viele seiner Kollegen tun, um ihre Wahlchancen nicht zu verderben. Den jungen Männern mit dem reduzierten Kopfhaar, die am Beginn einer Diskussionsveranstaltung mit Thierse nationalistische Flugblätter herumwerfen und sich dann verziehen wollen, ruft er zu: „So bleiben Sie doch da und stehen wenigstens zu Ihren Thesen!" Sie verlassen trotzdem den Saal.

Ein Bürger der Zivilgesellschaft, der sich nicht scheut, auch eine unpopuläre Meinung zu vertreten, wenn sie zu seiner Grundüberzeugung gehört – das entspricht meiner Vorstellung vom Abgeordneten. Thierse bemüht sich erkennbar um dieses Ziel auch noch nach seiner Promotion zum präsidialen Staatsmann. Ich werde ihm die Stimme geben, falls er nach der Reform in meinem Wahlkreis antritt.

Wolfgang Thierse im Gespräch mit
Ulrich Wickert

Das richtige Leben im falschen System

ULRICH WICKERT: Herr Bundestagspräsident, das deutsche Parlament hat das Reichstagsgebäude bezogen. Nach einem halben Jahrhundert ist es aus dem Rheinland weg mehr in den Nordosten, vom Westen her gesehen, in eine Gegend gegangen, in der früher mal Preußen war. Ist dieser Schritt auch der Weg zu einer anderen Republik gewesen oder doch der Anfang dazu?

WOLFGANG THIERSE: Ich glaube es nicht, und ich hoffe es nicht, nein, ich bin eigentlich sogar sicher, denn mit dem Umzug von Bonn nach Berlin haben sich ja nicht die Grundkoordinaten der deutschen Politik verändert. Auch von Berlin aus wird europäisch gesinnte, friedfertige Politik betrieben. Deutschland bleibt ein fester Teil Europas, alles andere wäre politischer Selbstmord für Deutschland. Deutschland war, ist und bleibt ein föderaler Bundesstaat. Preußen gibt es ebenso wenig mehr wie einen deutschen Imperialismus. Kaiser Wilhelm II., der Wilhelminismus – das ist wirklich passé. Wenn man mit Berliner Republik mehr als eine Ortsbezeichnung meint, dann halte ich das für falsch und würde entsprechende Tendenzen entschieden bekämpfen. Diese Republik wird hoffentlich so freundlich und so ernsthaft sein, wie es die Bonner Politik war.

ULRICH WICKERT: Aber Sie benutzen schon den Begriff „Berliner Republik"?

WOLFGANG THIERSE: Nein, ich nehme ihn nur auf, weil er 1995 von einem intelligenten Journalisten als Buchtitel formuliert worden ist. Johannes Gross war es, glaube ich. Er spielte damit auf die Weimarer Republik an. Darüber muß man sich nicht aufregen. Aber wenn mit diesem Terminus Überlegungen verbunden sind wie Rückkehr in die Geschichte, Deutschland muß wieder selbstbewußter, normaler werden oder eine härtere Politik betreiben, dann fange ich an, selber besorgt zu werden. Mir wär's schon recht, wenn manches von dem Bonner Stil sich auch in Berlin wiederfände, eine bestimmte Art von nichtpathetischem Verhältnis zur eigenen Nation, eine bestimmte Form auch von Bescheidenheit. Daß sich die Zeiten insgesamt geändert haben, das sehen und wissen wir. Aber es geht nicht um einen Neuanfang von Politik, sondern um Politik in der Kontinuität der Grundsatzentscheidungen, die in den vergangenen Jahren in Deutschland getroffen worden sind.

ULRICH WICKERT: Was möchten Sie, daß es sich ändert?

WOLFGANG THIERSE: Ich hoffe ein bißchen, daß sich drei Dinge ändern werden. Erstens ist Berlin eine ganz andere Stadt als Bonn. Hier spielen Kultur, Wissenschaft, die städtische Öffentlichkeit eine ganz andere Rolle. Es ist auch eine Chance für die Politik und für die Politiker selber, ein neues Verhältnis zur Kultur, zur Wissenschaft, zur urbanen Öffentlichkeit zu entwickeln. Bonn war ein freundlicher Gastgeber, eine liebenswürdige, fast idyllische Stadt, die auf die Politik, die da gemacht wurde, eigentlich keinen Einfluß hatte. Jetzt in Berlin sind wir mittendrin in einer Stadt, die ja widerborstiger, zudringlicher, härter, greller ist. Das ist, wie gesagt, auch eine Chance.

Zweitens, Berlin liegt nun mal inmitten Ostdeutschlands, das heißt, seine Probleme, die sogenannte Transformation, sind viel hautnäher und gewissermaßen physisch, also am eigenen Leib, zu spüren. Man braucht nur durch die Stadt zu gehen oder Berlin auf dem Landwege zu erreichen versuchen. Das ist ein Unterschied. In Bonn hat man diese Probleme natürlich auch wahrgenommen, aber doch eher auf dem Wege über Akten. Das ist ebenfalls eine Chance.

Und drittens, Berlin liegt nun mal wirklich weiter östlich als Bonn. Polen, Tschechien und Rußland sind näher. Das heißt nicht, daß wir jetzt wieder von irgendeiner Mitte faseln sollten oder von irgendeinem Sonderweg, aber wir können doch leichter begreifen, daß Deutschland Interessen- oder Sachwalterin des polnischen und des tschechischen Weges nach Europa sein sollte und im eigenen wohlverstandenen Interesse sein muß. Und wir verstehen sicher hier besser, daß auch ein gutes Verhältnis zu Rußland für uns wichtig ist.

Letzte Bemerkung dazu: Berlin ist nun mal die internationalste aller deutschen Städte. Nirgendwo in Deutschland leben so viele Türken, Russen, Polen, Tschechen, wahrscheinlich auch Franzosen und Amerikaner; das wird uns sehr gut tun, denke ich.

ULRICH WICKERT: Sie haben mal die Massivität des Versuchs beklagt, die Bonner Republik bruchlos weiterzuführen. Tun Sie das immer noch?

WOLFGANG THIERSE: Ich hab dieses Empfinden immer mal wieder. Aber zunächst mal muß man ohne Vorwurf feststellen, daß bei der deutschen Vereinigung die Gewichte ja immer klar verteilt waren. Wenn ein gescheitertes ökonomisches und ein erfolgreiches ökonomisches System zusammenkommen, wenn eine gescheiterte Gesellschaft, ein gescheitertes politisches System mit einem Erfolgsmodell zusammentreffen, ist das nicht verwunderlich. Insofern war die westliche Dominanz alternativlos, und sie war auch positiv. Was ich immer beklagt habe, war, daß nun alles und jedes, was im Westen bis 1989 gegolten hat, nun weiterzugelten hatte – die Organisation der Wissenschaft, die Art der Kulturpolitik, das Gesundheitswesen. Und da hab ich immer das Gefühl gehabt, und ich hab's im Grunde noch bis heute, daß wir die deutsche Einigung nie ausreichend als Chance für gesamtdeutsche, das heißt auch westdeutsche Reformen genutzt haben. Die werden uns jetzt abverlangt wegen Globalisierung und wegen der finanziellen Nöte, in denen sich der Staat befindet. Jetzt werden die Reformen uns abgezwungen, die aus Anlaß der deutschen Einigung doch wahrscheinlich emotional leichter durchzusetzen gewesen wären.

ULRICH WICKERT: Waren die Westdeutschen damals zu arrogant, um diese Reformen anzupacken, oder war das eine Frage des Machtkampfes in Westdeutschland, der das verhindert hat?

WOLFGANG THIERSE: Ich will es etwas vorsichtiger und, ich glaube, auch gerechter sagen: Die Westdeutschen haben überhaupt keinen Anlaß gesehen, irgend etwas zu ändern.

Ulrich Wickert: Sie hätten doch nachdenklich sein können!

Wolfgang Thierse: Nein, denn sie konnten doch das Gefühl haben, in dieser Auseinandersetzung zwischen West und Ost, zwischen der Demokratie und dem Kommunismus haben der Westen und mit ihm die Demokratie gesiegt. Kurzum, sie haben gedacht, der Westen hat über den Osten gesiegt. Und in diesem Grundgefühl, das ich niemandem übelnehme, haben sie gesagt, na ja, dann übertragen wir mal unsere Verhältnisse auf den Osten, dann wird schon alles laufen.

Ulrich Wickert: Es gab aber Unterschiede. Der Kanzlerkandidat der Sozialdemokraten, Oskar Lafontaine, hat damals eine andere Position vertreten, die ihm übelgenommen worden ist.

Wolfgang Thierse: Ja, er hatte in der Sache eher recht, aber politisch damit keinen Erfolg. Das gibt es ja, daß es gelegentlich zwei Wahrheiten gibt, die nüchterne, ökonomische Wahrheit, die Oskar Lafontaine ausgesprochen hat, nämlich daß die ostdeutsche Wirtschaft schlicht zusammenbrechen wird, wenn man ihr keine Übergangsfristen, nicht einen bestimmten Schutz gewährt, der ihr den sogenannten osteuropäischen Markt, der ja gar keiner war, erhält. Das war die eine Wahrheit. Und die andere war die politische Wahrheit, daß die Mehrheit der Ostdeutschen, auch die Mehrheit der Westdeutschen wollte, daß alles ganz anders und auch ganz schnell gehen sollte – schlicht 100 %ig nach dem westdeutschen Modell. Das ist vorbei. Diese Debatte zu führen, hatten wir damals gar keine richtige Zeit. Ich erinnere mich sehr genau an dieses Jahr 1990, das ja dramatisch war, und für uns, für Leute wie mich, die neu in der Politik gewesen sind, war alles jungfräulich. Aber wir haben immer mal wieder in diesen hektischen Zeiten darüber nachgedacht, was muß schnell passieren und welche Schritte der deutschen Einigung müssen wir ruhiger, langsamer, vernünftiger gehen, so daß tatsächlich Gleichberechtigung möglich ist. Wir sind überrollt worden durch die Zeitläufte.

ULRICH WICKERT: Sie waren ja damals einer von denen, die gesagt haben, die staatliche Einigung soll langsamer kommen, und das, was erhaltenswert ist an Werten der DDR, soll erhalten werden. Welche Werte meinten Sie damals?

WOLFGANG THIERSE: Es ist lange her; mitunter überlegt man, was hat man gemeint damals. Ich hab zum Beispiel gedacht: Unser Gesundheitswesen ist in mancher Hinsicht, jedenfalls technisch, verrottet gewesen, aber es war sozial sehr fair, sehr gerecht und vor allem viel einfacher. Auch der Sozialstaat, den die DDR hatte, war ein fast übertriebener Fürsorgestaat, der zugleich für die Bürger sehr einfach war. Was viele Ostdeutsche jetzt kaum ertragen und woran sie laborieren, ist die Kompliziertheit des Rechtsstaates, die Kompliziertheit des Sozialstaates. Das ist immer ein Rechtsmittelstaat. Man muß sich um alles mühen. Einer meiner erfolgreichsten Sätze aus den frühen neunziger Jahren war immer die Erkenntnis: „Ich hab in der DDR in der Überzeugung gelebt, daß diese Mischung aus sächsisch- preußisch- russischer Bürokratie nicht zu überbieten sei. Das war ein großer Irrtum. Wir sind in eine noch viel schlimmere Bürokratie hineingeraten." Und da, denke ich, haben wir die Chance wirklich verpasst, angesichts dieses irrsinnigen Vorgangs der deutschen Einigung auch eine Reform des Staates in die Wege zu leiten – mit Vereinfachungen, mit mehr Bürgerfreundlichkeit, so daß auch die DDR-Bürger, die mit dieser Komplexität von Verhältnissen gar nicht zu Rande kommen konnten, daß sie die Möglichkeit gehabt hätten, aus ihren Erfahrungen, übrigens nicht zuletzt aus den Reformerfahrungen der Jahre 1990 und 1991, bei Veränderungen in diesem Staat und in dieser Gesellschaft mitzureden.

ULRICH WICKERT: Man hatte den Eindruck, daß es sehr schwer ist, in Deutschland irgend etwas zu verändern. Das hängt mit dem parlamentarischen System zusammen, aber auch mit außerparlamentarischen Kräften. Müßte da nicht was verändert werden?

WOLFGANG THIERSE: Es ist ganz richtig, zu sagen, es sind nicht nur immer die Politiker und das Parlament an allem schuld. Das Parlament spiegelt die Gesellschaft schon ziemlich präzise wieder, manchmal so stark, daß die Bürger es selber gar nicht wahrnehmen wollen, wie sehr das Parlament ein Spiegel der Verhältnisse in dieser Gesellschaft ist. Wir sind eine Gesellschaft von organisierten Interessengruppen. Ich sag's ohne Vorwurf. Interessen sind schließlich nur dann wirksam, wenn sie organisiert sind. Aber gelegentlich frage ich mich schon, wie das Verhältnis zwischen dem Parlament, das durch Wahlen seine Legitimation hat, und den Interessengruppen aussieht. Man hat die Vertreter von Wirtschaftsverbänden, von Unternehmerverbänden ja große Töne sprechen hören im Zusammenhang mit dem Rücktritt von Oskar Lafontaine und auch davor. Mich beunruhigt das ein bißchen, weil ich darauf bestehe, daß nur das Parlament legitimiert ist, die Interessen der ganzen Gesellschaft, des Volkes im Streite wahrzunehmen und zu artikulieren. Es besitzt eine unüberbietbare Legitimation durch ein demokratisches Verfahren. Keine Interessensgruppe und ihre Vertreter haben eine vergleichbare Legitimation. Dieser Unterschied muß sichtbar bleiben, auch wenn ich natürlich zubillige, daß Interessenvertreter das Recht haben, ihre Anliegen in der Konkurrenz mit anderen zu vertreten. Sie müssen freilich immer wissen, daß nur das Parlament und die Regierung, die durch das Parlament zustandegekommen ist, legitimiert sind, für diese Gesellschaft insgesamt zu sprechen und nicht etwa Vertreter von Wirtschaftsverbänden oder auch von Gewerkschaften oder Kirchen.

ULRICH WICKERT: Haben Sie nicht manchmal das Gefühl, daß zumindest in Bonn die Nähe von Lobby und Parlament zu eng war?

WOLFGANG THIERSE: Das war wohl so, auch wenn man es nicht immer wahrgenommen hat. Das spielte sich eigentlich immer öffentlich ab, was selber ein Problem ist. Denn das ist wiederum ein Unterschied: Was das Parlament tut, was die Politiker tun, das unterliegt zum Glück öffentlicher Kontrollen durch die Journalisten und vor allem auch durch Wahlen, durch die Wähler. Was Interessenverbände, was Lobbyisten tun, das findet ja meistens hinter verschlossenen Türen statt. Das ist Beeinflussung, ohne daß ich von Bestechung rede. Ich glaube nicht, daß die Bundesrepublik wirklich ein korruptes Staatswesen ist – Ausnahmen immer mit bedacht. Aber dieser qualitative Unterschied, in dem einen Fall Transparenz und öffentliche Kontrolle, und in dem anderen Intransparenz, Heimlichtuerei und das Gewicht auch von wirtschaftlicher, von finanziell gesättigter

Macht, unterstreicht, daß die Bürger in diesem Lande ein Interesse haben müssen, daß das Parlament allein entscheidet und daß die Parlamentarier unabhängig sind. Darunter verstehe ich auch die materielle Unabhängigkeit von Einflüsterungen und Beeinflussungen durch Wirtschaftsverbände.

ULRICH WICKERT: Es steht eigentlich eine Parlamentsreform an. Sicherlich, einiges ist getan worden. Es werden weniger Abgeordnete im nächsten Bundestag sitzen, aber es gibt noch mehr Dinge, die man eigentlich ändern könnte. Sind Sie für eine Legislaturperiode von fünf Jahren?

WOLFGANG THIERSE: Ich hab das gelegentlich gesagt – nicht aus einem fundamentalistischen, sondern aus einem pragmatischen Grund. So riesig ist der Unterschied zwischen vier und fünf Jahren ja auch nicht, daß man Weltanschauungskämpfe darüber ausfechten müßte. Für fünf Jahre spricht die einfache Erfahrung, daß neue Abgeordnete mindestens ein Jahr brauchen, um sich wirklich in ihre Arbeit hineinzufinden. Als Parlamentarier tätig zu sein, ist schon eine ziemlich anstrengende und gelegentlich auch verwickelte Arbeit. Ein Jahr geht also verloren, bis man sozusagen voll funktionsfähig ist. Und das letzte Jahr einer Legislaturperiode ist ja immer schon durch den Vorwahlkampf und dann durch den eigentlichen Wahlkampf geprägt. Wenn man das sieht, gibt das ein gutes Argument für fünf Jahre. Im übrigen, die meisten Länderparlamente haben inzwischen eine Legislaturperiode von fünf Jahren. Ich war allerdings immer der Meinung und bin es nach wie vor, daß man eine Verlängerung der Legislaturperiode verbinden müßte mit der Stärkung der Einflußmöglichkeiten der Bürger auf das

Parlament, also mit dem, was man plebiszitäre Elemente nennt. Ich wünsche mir jedenfalls mehr Mitwirkungsmöglichkeiten der Bürger, direkte Einflußmöglichkeiten, direkte Demokratie. Das ist leider bei den Beratungen der Verfassungskommission nicht durchzusetzen gewesen, da waren CDU, FDP und CSU dagegen. Aber es bleibt auf der Tagesordnung.

ULRICH WICKERT: Wenn Sie von direkten Elementen sprechen, könnte das auch die Direktwahl des Bundespräsidenten bedeuten.

WOLFGANG THIERSE: Das kann es, allerdings muß man dann auch sagen, eine Direktwahl des Bundespräsidenten hat nur dann einen wirklichen Sinn, wenn ihm mehr politische Kompetenzen zugebilligt werden als jetzt.

ULRICH WICKERT: Aber er ist doch der Repräsentant des Volkes. Insofern würde sich der Wähler bei einer Direktwahl wahrscheinlich sehr viel mehr mit ihm identifizieren.

WOLFGANG THIERSE: Ja und nein. Was ein Bundespräsident vermag – das zeigt ja die Geschichte der Bundesrepublik – hängt ganz wesentlich von seiner Persönlichkeit ab. Wir hatten mehrheitlich Glück mit unseren Bundespräsidenten, die wirklich große, beeindruckende Persönlichkeiten waren. Aber der Bundespräsident ist nur ein Repräsentant, er hat kaum politische Einflußmöglichkeiten. Ein Wahlkampf um einen solchen Posten macht ja nur dann Sinn, wenn die Bürger wissen, der ist nicht nur eine Galionsfigur, einer, der intelligente, gelegentlich aufrüttelnde Reden hält, sondern der auch auf das politische Geschehen Einfluß nehmen kann. Das ist

24

gegenwärtig nicht der Fall. Darüber müßte man debattieren, ehe man über eine Direktwahl nachdenkt.

ULRICH WICKERT: Nach unserem Wahlsystem haben nur wenige Bürger die Möglichkeit, bei der Auswahl der Kandidaten mitzuwirken. Wäre es sinnvoll, das Mehrheitswahlsystem einzuführen?

WOLFGANG THIERSE: Diese alte Debatte aus der Geschichte der Bundesrepublik kann man immer wieder anzetteln und sagen, es gibt ein paar Argumente dafür. Das wichtigste Argument ist, mit diesem Wahlrecht würden klare Mehrheitsverhältnisse geschaffen.

ULRICH WICKERT: Es würde sich auch ein klares Verhältnis zwischen den Abgeordneten und den Wählern ergeben.

WOLFGANG THIERSE: Ja, ja. Der Bürger entscheidet direkt darüber, wer die Regierung bildet und wer in die Opposition gehen muß. Jetzt ist das ja immer vom Wahlergebnis abhängig und damit Sache der Parteien und ihrer Verhandlungen. Koalitionen wären bei einem solchen Wahlrecht überflüssig. Aber was dagegen spricht, ist der Umstand, daß immer ein beträchtlicher Anteil von Stimmen im Grunde verlorengeht, sie spielen keine Rolle. Deswegen habe ich stets gefunden, daß unser Wahlsystem doch vergleichsweise gerecht ist – jene Mischung aus Personalwahl, also die eigentliche Mehrheitswahl in den Wahlkreisen, und Verhältniswahl, bezogen auf die Parteien im jeweiligen Land. Vor diesem Hintergrund meinte ich, wir sollten bei diesem Wahlsystem bleiben.

ULRICH WICKERT: Einer der Streitpunkte in der Öffentlichkeit ist ja immer die Bezahlung der Politiker. Wie kann man das Diätensystem so einrichten, daß die Politiker nicht immer beschimpft werden?

WOLFGANG THIERSE: Ich mach mir da nichts vor. Es gibt keine Chance dafür, weil immer ein Teil der Bevölkerung finden wird, daß die Politiker zuviel Geld kriegen, nämlich jener Teil der Bevölkerung, dem es wirklich schlechter geht, und der ist ja nicht gerade klein. Angesichts einer so dramatischen Arbeitslosigkeit, angesichts auch sich verschärfender sozialer Gegensätze in unserer Gesellschaft kann ich sehr gut verstehen, daß Bürger sauer sind, daß Abgeordnete deutlich mehr verdienen als sie selbst. Von der Mißgunst mancher anderer, die selber gut verdienen, aber das den Politikern nicht gönnen, sehe ich einmal ab. Nein, wir haben keine Chance, die negative Stimmung zu ändern. Nun ist die Rechtslage ja auch ziemlich verwickelt. Es kann niemand über das Parlament bestimmen. Das Verfassungsgericht ...

ULRICH WICKERT: Aber man könnte doch ein System finden, in dem es heißt, ein Abgeordneter verdient so viel wie ein hoher Richter.

WOLFGANG THIERSE: Ja, ich komme gleich darauf zurück. Zunächst hat das Verfassungsgericht noch einmal bestätigt, nach dem Grundgesetz dürfe niemand über den Bundestag selber verfügen. Also müssen wir immer in eigener Sache entscheiden. Wir werden dabei den Geruch nie los, daß wir Selbstbediener seien. Nun haben wir ja ein Abgeordnetengesetz verabschiedet, das als Orientierungsgröße für die Gehälter von Abgeordneten die Gehälter von Richtern an oberen Bundesgerichten angibt. Es hat ja auch eine bestimmte sachliche Logik, daß Abgeordnete, die die Gesetze erarbeiten und verabschieden, die die Richter anwenden und auslegen, ungefähr so viel verdienen wie diese. Das ist die Orientierungsgröße. Wir liegen sehr weit zurück. Ich habe als Bundestagspräsident die Aufgabe, Vorschläge zu machen. Und das sollen natürlich nach dem Gesetz Vorschläge sein, mit denen die Diäten an die Richtergehälter angenähert werden. Was geschieht in einer Atmosphäre, in der etwa die Beamten und die Mitarbeiter des öffentlichen Dienstes nur eine geringe Erhöhung bekommen? Viele werden sehr wütend sein. Ich weiß, wie viele Briefe ich deswegen immer wieder bekomme. Ich beklage mich nicht darüber, ich weiß nur, diese unangenehme Debatte werden wir nie loswerden.

ULRICH WICKERT: Aber gibt es nicht ein wirkliches Problem? Das ist die Pensionsregelung für Politiker, also nicht nur für Abgeordnete, sondern überhaupt. Wenn jemand Staatssekretär für ein paar Monate war und dann schon nach drei Jahren eine hohe Pension bekommt?

WOLFGANG THIERSE: Da stimme ich Ihnen zu. Deswegen trete ich ja nicht nur für eine bescheidene Erhöhung der Diäten ein, sondern auch für vernünftige Übergangsregelungen gerade bei Ministern und Staatssekretären. Da ist zwar schon etwas geschehen, aber ich weiß nicht, ob das ausreicht, weil das die Leute noch mehr aufregt als die Höhe der Diäten. Es gab ja berühmte Fälle. Ich will keinen Namen nennen. Aber eine junge Abgeordnete des Bundestages war eine ganze Reihe von Jahren Parlamentarische Staatssekretärin. Und jetzt kriegt sie schon, obwohl sie eine Position übernommen hat, bei der sie sehr viel mehr verdient als ein Abgeordneter, eine ziemlich hohe Pension. Das ist vollkommen unnötig. Das können und werden wir ändern. Diese Regelung betrifft aber nicht nur den Bundestag, sondern auch die Minister. Das berührt jedoch die Länder ebenso, und deswegen müssen wir da einigermaßen behutsam umgehen, weil sonst der Widerspruch von dort uns hart treffen wird.

ULRICH WICKERT: In Ihrer Biographie hat die Kunst eine Rolle gespielt. Und der Bundestag hat besonders viel Kunst ins Reichstagsgebäude gebracht. Wie sehen Sie die Beziehung von Kunst und Politik?

WOLFGANG THIERSE: Da kann man schwer abstrakt darüber reden.

ULRICH WICKERT: Machen Sie's konkret.

WOLFGANG THIERSE: Ich fang mal mit mir an. Ich hab nicht nur durch meine Biographie – ich bin Kulturwissenschaftler und Germanist und hab mich sehr lange Zeit beruflich mit Ästhetik und Ästhetikgeschichte befaßt – viel mit Kunst zu tun gehabt. Ich möchte auch jetzt als Politiker gelegentlich ins Theater oder ins Kino gehen, Musik hören, ein Konzert besuchen. Das ist für mich sehr wichtig. Damit wir als Politiker auch Menschen im vollen Sinne des Wortes sind, müssen wir etwas anderes tun, als immer nur Politik treiben, immer nur im politischen Jargon miteinander reden, immer nur politische Kommunikation betreiben. Also das Erste und Wichtigste ist für Politiker, daß sie andere Wahrnehmungsweisen von Wirklichkeit, andere Aneignungsweisen von Wirklichkeit selber wahrnehmen, weil sonst ihr Blick verzerrt und einseitig wird. Und das kann man dann noch grundsätzlicher machen. Die Art und Weise, wie Politiker oder Wissenschaftler oder Künstler die Welt betrachten, ist so fundamental unterschiedlich, daß man wechselseitig die Pflicht hat, wahrzunehmen, wie andere Probleme, wie andere die menschliche Situation wahrnehmen. Dies ist wichtig, damit wir überhaupt begreifen, wie diese Gesellschaft aussieht und was sie bewegt. Im übrigen finde ich schon, daß wir gelegentlich auf die Vision oder auf den Widerspruch von Künstlern hören müssen, sonst verblöden wir wirklich.

ULRICH WICKERT: Es gibt bei uns seit ganz langer Zeit eine Debatte, die mit Kunst, unserer Erinnerung und unserer Geschichte zu tun hat, nämlich die Mahnmal-Debatte. Gibt es Dinge, die durch Kunst nicht darstellbar sind wie vielleicht dieses Mahnmal?

WOLFGANG THIERSE: Man könnte zunächst mal sagen, wahrscheinlich ist es so. Aber die Frage kann ja niemand beantworten, denn was durch Kunst darstellbar ist, muß immer neu erprobt werden. Die Grenzen des Darstellbaren kann man nicht ex cathedra definieren. Wahrscheinlich sind wir bei dem Thema eines „Mahnmals für die ermordeten Juden Europas", also bei der Frage danach, wie kann man Auschwitz ästhetisch, künstlerisch darstellen, an einer Grenze. Ich will das ausdrücklich sagen. Wir haben darüber in Deutschland mehr als ein Jahrzehnt debattiert. Das ist keine Schande. Die Debatte war gelegentlich von außerordentlichem Niveau, jedenfalls immer von hoher Ernsthaftigkeit. Nach so langer Zeit mußten wir zu einer Entscheidung kommen, weil qualitativ kein neues Argument mehr formuliert werden konnte. Angesichts des Umstandes, daß die Auslober, also der Senat von Berlin, der Förderkreis für das Mahnmal und die Bundesregierung, sich nicht einigen konnten, hatte der Bundestag die verdammte Pflicht und Schuldigkeit, in einer ernsthaften Debatte darüber zu entscheiden, wo und wie und ob und wann dieses Denkmal gebaut werden soll.

ULRICH WICKERT: Sie haben ja den größten Teil Ihres Lebens in einer Diktatur verbracht und trotzdem einmal gesagt, „das war das richtige Leben im falschen System". Was meinten Sie damit?

WOLFGANG THIERSE: Der Satz ist eine Anspielung auf eine berühmte Formulierung von Theodor W. Adorno: „Es gibt kein richtiges Leben im falschen". Ich hab dann trotzig das Gegenteil gesagt, weil ich jedem allzu einfachen Pauschalurteil über das Leben in der DDR und der Diktatur widersprechen wollte, weil es mir seit der Wende immer darum geht, die Westdeutschen daran zu erinnern, daß man einen Unterschied machen muß zwischen dem Urteil über das gescheiterte politische und ökonomische System des Kommunismus einerseits und den Biographien, die in diesem System gelebt wurden. Sie sind ja nicht alle gescheitert. Das ist ganz wichtig, denn die Menschen, die sechzehn Millionen oder wie viele es sind, die sich an diese DDR-Zeit erinnern, denken immer an sehr Verschiedenes. Sie erinnern sich an die Mangelwirtschaft, an Unterdrückung, an Beklemmung, an Feigheit, an Verrat, aber auch an die kleinen Siege, die sie erkämpft haben, an ihren Versuch, selbst unter widrigen Bedingungen ein Leben in Anstand und Würde zu führen, jedenfalls den eigenen Maßstäben von Anstand und Würde zu folgen. Also, ich will ein bißchen die Würde gelebten Lebens auch unter diktatorischen Verhältnissen verteidigen. Wenn das nämlich nicht gelingt, dann haben die Ostdeutschen wahrlich keine Chance, in dieser gemeinsamen Gesellschaft, in diesem gemeinsamen Land wirklich als Gleichberechtigte akzeptiert zu werden. Das können sie doch nur, wenn die anderen wahrnehmen, daß deren Leben unter ganz anderen Verhältnissen, aber sozusagen nach normalen menschlichen Maßstäben nicht so furchtbar anders war. Von den Ostdeutschen wiederum verlange ich, daß sie in ihrem Rückblick die Momente der Selbstkritik nicht verdrängen und auch die Scham als einen Bestandteil unserer Würde erkennen. Denn ich hab etwas dagegen, daß jetzt Nostalgie, Weinerlichkeit, Beschönigung und natürlich auch die Lüge obsiegt, wenn von unserem Dasein in der DDR die Rede ist. Wenn ich von den Westdeutschen verlange, daß sie unser Leben differenziert und fair bewerten, dann verlange ich von uns, daß wir selbstkritisch mit unserer eigenen Geschichte umgehen und nicht unser Leben in Helden- oder Widerstandsgeschichten umdichten. Das waren eher die Ausnahmen. Die Helden und Widerständler gab's auch, aber wie heißt es bei Brecht im Leben des Galilei: „Traurig das Land, das Helden nötig hat." Wir hatten Helden nötig, aber wir hatten gar nicht so viele zu DDR-Zeiten.

ULRICH WICKERT: Sie selber haben sich ja auch nie als einen Helden bezeichnet. Wie war Ihre Jugend?

WOLFGANG THIERSE: Ich bin in Eisfeld aufgewachsen, einer Kleinstadt am Südhang des Thüringer Waldes. Mein Vater war Rechtsanwalt. Ich glaube, er ist ein ganz tapferer Mann gewesen. Meine Mutter war zeitlebens krank. Das hat die häuslichen Verhältnisse ein bißchen erschwert. Ich bin von Kindesbeinen an mit ganz unterschiedlichen Minderheitserfahrungen aufgewachsen.

Als gebürtiger Schlesier, der zwar jung nach Thüringen kam, aber nie den fränkischen Dialekt gelernt hat, den man südlich des Rennsteiges spricht. Ich bedauere das sehr, denn heute wäre es so schön, wenn ich mal ins Fränkische fallen könnte.

Ich bin katholisch und so aufgewachsen, und das in einer Umgebung, in der fast alle evangelisch waren. Später lebte ich immer in einer Minderheit von Christenmenschen, während die Mehrheit damit nichts am Hute hatte. Noch später gehörte ich zu denjenigen in der beruflichen Sphäre, die nicht in der SED waren. Die meisten waren in der SED. Das hat natürlich das eigene Leben geprägt. Aber ich sag im Rückblick – vielleicht ist das ein Moment von Beschönigung, was ich aber nicht glaube –, ich sag im Rückblick, ich hab unter diesen Minderheitserfahrungen nicht wirklich gelitten. Offensichtlich verdanke ich es meinem Vater, daß ich eine ganz spezifische Art von Selbstbewußtsein dabei entwickelt habe – hoffentlich ohne Arroganz. Eine Art von Grundüberzeugung sagt mir vielmehr, wenn andere etwas tun, auch wenn eine Mehrheit einer bestimmten Meinung ist, muß es noch lange nicht richtig sein. Du selber, hat mein Vater immer gesagt, mußt deiner Sache sicher sein, dann kannst du auch alles ertragen.

ULRICH WICKERT: Sie haben damals die Jugendweihe nicht mitgemacht. Aus christlichen Gründen?

WOLFGANG THIERSE: Ja. Ganz selbstverständlich. Das war auch eine der Erfahrungen, die in einem so ein bißchen Selbstbewußtsein in dieser kleinen Stadt erzeugen. In der Schule gab es zwei Parallelklassen. In der einen Klasse sind fast alle zur Jugendweihe gegangen; in der Klasse, in die ich gegangen bin, haben die wenigsten daran teilgenommen. Das hatte wohl ein wenig mit meinem Vorbild zu tun. Das kriegt man ja als Junge schon mit, wenn andere hinschauen, was du tust, wie du deine Entscheidungen begründest. Das macht das eigene Leben etwas wichtiger, als es sonst gewesen wäre.

ULRICH WICKERT: Heute gehen sehr viele zur Jugendweihe. Können Sie das verstehen?

WOLFGANG THIERSE: Ja und nein. Es hat etwas Befremdliches für mich, weil ich mich daran erinnere, daß die Jugendweihe in der DDR ein staatlich verordnetes Ritual war und zugleich auch eine Art von Anpassung und weltanschaulicher Unterwerfung der jungen Leute. Ich verstehe es, weil darin ein Moment von Lebenskontinuität, von einer Beheimatung in einer Zeit enthalten ist, in der weltanschaulich, ideell, moralisch alles so diffus geworden ist. Daß Menschen offensichtlich Rituale, Formen brauchen, in denen sie ein etwas vage und unsicher gewordenes Leben auch gelegentlich ausdrücken können, das kann ich nachvollziehen.

ULRICH WICKERT: Rituale, die die Kirche ihnen nicht mehr gibt?

WOLFGANG THIERSE: Die sie ihnen schon gibt, aber man muß berücksichtigen, daß die Kirchen in Ostdeutschland ja nun wirklich eine Minderheitenexistenz führen. Wenn die DDR und die SED irgendwo erfolgreich waren, dann auf diesem Gebiet. Ihre Politik hat zur Entfremdung von christlichen Traditionen, von der Kenntnis auch der großen christlichen Bildungsgeschichte Europas und auch von dem, was Kirchen sind, geführt. Da ist heute gar kein kämpferischer Atheismus mehr im

Spiel, überhaupt nicht, sondern Fremdheit, mangelnde Bildung, historische Unkenntnis.

ULRICH WICKERT: Sie sind auch nicht zum Militärdienst gegangen. War das schwer?

WOLFGANG THIERSE: Das ist eine Geschichte, die ich vielleicht, wenn ich jemals Lebenserinnerungen schreiben sollte, dann erzählen werde. Es ist eine klassische Felix-Krull-Geschichte. Ich wußte, ich will nicht zur Armee gehen, wie man das zu DDR-Zeiten sagte. Auf keinen Fall. Und ich hab überlegt, wie kannst du das so tun, daß der Konflikt für dich erträglich ist. Ich wollte nicht Medizin studieren oder Naturwissenschaft, das hat mich alles nicht interessiert, sondern das, was man zu DDR-Zeiten eine Gesellschaftswissenschaft nannte. Ich wußte, wenn ich den Militärdienst verweigere, habe ich keine Chance auf Zulassung zu einem solchen Studium. Also hab ich mit 19 Jahren angefangen, eine Krankengeschichte zu erfinden und zu leben und hab das über viele Jahre durchgehalten.

ULRICH WICKERT: Welche Krankheit war das?

WOLFGANG THIERSE: Ich hab eine wirkliche Krankheit aus meiner Jugendzeit, aus der Pubertät einfach weiterentwickelt. Ich hatte immer irrsinnige Kreislaufbeschwerden. Körperliche Anstrengungen sind ein paar Jahre meines Lebens mir eher schwer gefallen. Da hab ich mir gesagt, das ist doch etwas, das mußt du nun ausbauen. Und das ist mir auch gelungen. Nach vielen, vielen Jahren hab ich eine Urkunde bekommen. Das ist die schönste Urkunde meines Lebens, die ist nicht mehr zu übertreffen. Auf der wird mir mit Paßbild bescheinigt, daß ich lebenslänglich dienstuntauglich bin. Ich war allerdings schon 27 oder 28 Jahre, als ich diese Urkunde endlich bekommen hatte. Aber das ist auch wiederum eine typische DDR-Geschichte, denn dazu mußte man Verbündete finden. Dieser Verbündete war eine medizinische Koryphäe, ein Professor, der überzeugter Kommunist und zugleich Pazifist gewesen ist. Er wusste genau, aus welchem Grunde er mir ein Gutachten erteilte. Mit dem ging ich dann zu der endgültigen Musterung. Dort war ein Arzt, der stand förmlich stramm vor diesem Gutachten. Und dann hatte ich die Urkunde. Aber das war wirklich eine lange Geschichte, in deren Verlauf ich mich immer wieder krank gemeldet, immer an derselben Krankengeschichte weitergeschrieben habe. Wenn es schief gegangen wäre, hätte ich mich für die Bausoldaten entschieden. Mein Bruder war auch bei den Bausoldaten, hat aber in der ganzen DDR-Zeit berufliche Nachteile gehabt.

ULRICH WICKERT: Sie haben aber auch Nachteile gehabt?

WOLFGANG THIERSE: Ach, das will ich nicht übertreiben. Ich war lange an der Universität, dann eine ganz kurze Zeit im Kulturministerium.

ULRICH WICKERT: Wo Sie denunziert wurden!

WOLFGANG THIERSE: Ja, das ist nun wiederum eine ganz durchschnittliche DDR-Geschichte. Denunziationen gehören zur Diktatur, das ist das Schlimme. Anderswo wird auch verpfiffen und geschwätzt, aber in einer Diktatur hat das schlimmere Folgen. Es hat in meinem Fall nichts mit einer Heldengeschichte zu tun. Ich hatte ja wieder Glück. Ich geriet an die Akademie der Wissenschaften. Das ist die geräumigste Nische, die in der DDR überhaupt zu finden war. Daß die mich aufgenommen haben, obwohl ich beim Kulturministerium rausgeflogen bin, das hatte natürlich wieder damit zu tun, daß es dort Leute gab, die sehr gut verstanden haben, warum ich zum Hinauswurf von Wolf Biermann aus der DDR nicht Hurra geschrieen habe.

ULRICH WICKERT: Weshalb haben Sie sich dann politisch engagiert, als die Wende kam? Was hat Sie motiviert?

WOLFGANG THIERSE: Politisch motiviert war ich immer, solange ich denken kann. Diese ganz frühe Prägung hat sicher auch mit der deutschen Spaltung zu tun und mit dem Leiden daran, das man zunächst von den Eltern übernommen hat, aber dann selber zum eigenen Problem geworden ist. Ich wollte zu DDR-Zeiten nie in eine Partei eintreten, nicht in die SED, das wäre mir undenkbar erschienen, aber auch nicht in eine Blockpartei, obwohl mein Vater in der CDU war. Das hatte mit seinem Lebensweg zu tun. Er war bis 1933 in der vorwiegend katholischen Zentrumspartei, also ging er 1945 in die CDU. Ich hab dann im Herbst 1989 das Gefühl gehabt wie viele andere auch, wenn ich jetzt nicht auf die Straße gehe, wenn ich mich jetzt nicht einmische, werde ich mich mein ganzes Leben lang vor meinen Kindern schämen müssen. Denn wir haben uns gesagt, wenn jetzt nicht was passiert, wenn wir jetzt unsere Chance nicht ergreifen, dann geht es wieder schief, und wir bleiben die nächsten dreißig, vierzig Jahre in den unsäglichen Verhältnissen, unter denen wir mehr oder minder lautlos gelitten haben.

ULRICH WICKERT: Sie haben nach der Wende davon gesprochen, man sollte doch die Geschichte der DDR aufarbeiten. Mit einem Tribunal ist es anders gekommen. Aber können Sie sich vorstellen, daß es eines Tages mal eine Amnestie geben wird?

WOLFGANG THIERSE: Ich glaube nicht, daß eine Amnestie noch wirklich nötig ist. Denn es haben sehr viele Untersuchungsverfahren stattgefunden, es ist nur zu sehr wenigen Anklagen gekommen, zu wenigen Prozessen und zu ganz wenigen Verurteilungen, auch mit Strafmaßnahmen, die nicht allzu streng gewesen sind. So gesehen hat der Rechtsstaat seine mühselige Aufgabe erfüllt. Wir kommen an ein Ende. Ich war gegen eine nochmalige Verlängerung der Verjährungsfristen, da war ich in der Minderheit, in der eigenen Fraktion wie im Parlament insgesamt, weil ich das hohe Rechtsgut der Verjährung für sehr wichtig halte und weil ich auch meine, je länger wir mit strafrechtlichen Mitteln DDR-Geschichte aufzuarbeiten versuchen, um so ungerechter wird es. Ich sag ganz nüchtern, ich bin dafür, daß diese strafrechtliche Aufarbeitung, wenn es nicht um Kapitalverbrechen geht, an ihr Ende kommt, daß moralische, wissenschaftliche, intellektuelle Fragen bei der Aufarbeitung, in den Vordergrund treten, aber eine Amnestie ist, glaube ich, dazu wirklich nicht nötig. Sie hätte eine Art von Placebo-Effekt, nicht mehr.

ULRICH WICKERT: Sie waren ja sehr schnell Parteivorsitzender der Ost-SPD und sind dann nach der Einheit bei der Vereinigung der beiden SPD's auch als Stellvertretender Parteivorsitzender gewählt worden. Sie sind das auch als Bundestagspräsident geblieben. Verträgt sich dieses hohe Amt mit Ihrer Funktion in der SPD?

WOLFGANG THIERSE: Ja, denn ich verstehe mein Amt als Bundestagspräsident doch nicht so, daß es mich dazu verpflichtet, ein politischer Eunuch zu werden, sondern ich möchte schon noch gerne als Stellvertretender Parteivorsitzender der SPD, auch als ein Sprecher der Ostdeutschen innerhalb der SPD, weiterarbeiten. Im übrigen kann ich auch an meine Vorgänger erinnern, Frau Süßmuth war immer Vorsitzende der Frauen-Union, sie hatte stets auch parteipolitische Funktionen inne. Und Eugen Gerstenmaier ist meines Wissens Stellvertretender CDU-Vorsitzender geworden, als er schon Bundestagspräsident war. Er ist es bis zu seinem Rücktritt auch geblieben. Das ist ja der Vorteil unserer Demokratie, daß man parteipolitisch aktiv sein kann, aber zugleich natürlich auch den Regeln der Fairneß und der Neutralität folgen sollte in der Ausübung eines bestimmten Amtes.

ULRICH WICKERT:: Haben Sie den Rücktritt von Lafontaine als Parteivorsitzender bedauert?

WOLFGANG THIERSE: Ich war über den Rücktritt sehr betroffen, zumal ich ihn bis heute nur in Grenzen verstehen kann. Es schien mir immer so, daß diese Doppelspitze, Oskar Lafontaine und Gerhard Schröder, die wirkliche Bandbreite der SPD als einer großen Volkspartei auch personell dargestellt hat, und daß man die damit gegebene Spannung so, wie wir das ja im Wahlkampf 1998 gezeigt haben, auch weiter hätte aushalten können. Nachdem Oskar Lafontaine sich anders entschieden hat, war die Konsequenz zwingend, daß der Bundeskanzler auch Parteivorsitzender werden mußte.

ULRICH WICKERT: Aber wird das die SPD auf Dauer nicht verändern, zur neuen Mitte hin vielleicht?

WOLFGANG THIERSE: Gerhard Schröder weiß, da bin ich ziemlich sicher, daß es keinen Sinn macht, die SPD etwa stromlinienförmig auf das Kanzleramt hin auszurichten. Eine solche Partei wie die SPD wäre dann auch nicht mehr in der Lage, eine Regierung wirklich zu tragen. Deswegen brauchen wir eine diskutierende Partei, eine Partei, die auch an den programmatischen Grund lagen von Politik weiterarbeitet. Dann wird sie auch die unausweichlich notwendigen Kompromisse in einer Koalition, den notwendigen Pragmatismus von Politik mittragen können. Daß die Linke in der SPD mehr als andere Teile dieser Partei an den Veränderungen laboriert, die aber nicht so sehr innerparteiliche Veränderungen sind als vielmehr Veränderungen der wirklichen Welt, das sehe ich auch. Auf eine globalisierte Wirtschaft zu reagieren, auf andere Verhältnisse in der Völkergemeinschaft, auch Vorschläge für die Reformen des Sozialstaates zu entwickeln, wenn er lebensfähig bleiben soll, Antworten zu finden auf solche gerade für Sozialdemokraten peinigenden Fragen, das kann nicht nur Sache des Staates sein. darüber brauchen wir in der Zivilgesellschaft, also mit den organisierten Gruppen wie zum Beispiel den Parteien, eine wirkliche breite Reformdiskussion. Dasselbe kann man beim Thema Bildung und bei vielen anderen sagen.

ULRICH WICKERT: Aber kann eine Regierungspartei, die vom Kanzler geführt wird, eigentlich solche Gedanken entwickeln? Ist eine Regierungspartei nicht automatisch ein Kanzlerwahlverein?

WOLFGANG THIERSE: Man muß das ja nicht nur pejorativ sehen, Kanzlerwahlverein. Es ist doch eine Chance, wenn man den Kanzler wählen kann. Sechzehn Jahre ha-

ben wir darauf gewartet, daß wir endlich ein Kanzlerwahlverein sein können. Wir konnten nie den Kanzler
wählen. Das ist, denke ich, zunächst mal ein Positivum.
Aber man kann ja aus der Erfahrung der CDU lernen, daß
es dem Kanzlerwahlverein nicht sehr förderlich ist,
wenn alle Diskussion erstickt, aller Streit unterdrückt
wird, wenn immer nur die Frage dominiert, wie komme
ich im Parlament zu der notwendigen Mehrheit. Das
macht eine Partei kaputt. Am Schluß ist sie nicht mehr
wählbar. Sie wird jedenfalls uninteressant für viele
Leute. Deswegen ist es kein Luxus, wenn die Sozialdemokraten weiterhin über Zukunftsfragen diskutieren.
Ich sehe nur mit einer gewissen Besorgnis, daß unsere
politische Öffentlichkeit solchen Auseinandersetzungen
nicht sehr gewogen ist. Eine normale Meinungsverschie-
denheit angesichts eines ungeklärten Problems wird sofort als Streit und Uneinigkeit denunziert. Dabei sind
Meinungsverschiedenheiten und die Diskussion darüber
das Normalste in der Demokratie.

ULRICH WICKERT: Wie steht es um das Verhältnis zwischen SPD und PDS aus Ihrer Sicht, der Sicht eines Ostdeutschen?

WOLFGANG THIERSE: Die PDS ist für die SPD selbstverständlich eine gegnerische Partei, ein wirklicher
ernstzunehmender Konkurrent gerade in Ostdeutschland. Angesichts der langen Vorgeschichte des Zwistes
zwischen Kommunisten und Sozialdemokraten ist das
auch ein Verhältnis, das nicht nur akademisch oder poli-
tisch-strategisch behandelt werden kann, sondern es ist
geradezu existentiell und hoch emotional besetzt. Be-
schimpfungen helfen da nicht weiter. Deswegen hab ich
immer gesagt, selbstbewußte, politische, inhaltliche

Auseinandersetzungen mit der PDS um ihre Position in der Gegenwart, um ihren gnadenlosen Populismus, um das Illusorische ihrer Politikkonzepte, müssen selbstverständlich mit Respekt vor Wählern und Gewählten dieser Partei geführt werden. Denn man gewinnt nicht die Wähler und Anhänger einer anderen Partei für sich, indem man sie beschimpft, man muß sich in Fairneß mit ihnen auseinandersetzen.

ULRICH WICKERT: Sie werfen der PDS Populismus vor. Im Kosovo-Krieg war die PDS als einzige Fraktion im Bundestag klar geeint dagegen. Nach Umfragen war auch die Mehrheit der Bevölkerung in der ehemaligen DDR dagegen. War die Haltung der PDS Populismus oder Inhalt?

WOLFGANG THIERSE: Ich will keinem Mitglied der PDS und überhaupt keinem Bürger in Deutschland absprechen, daß es wirklich Friedenssehnsucht ist, das energische, leidenschaftliche Bedürfnis nach Frieden, das ihn zur Ablehnung des Kosovo-Einsatzes bestimmt hat. Ich hab das auch. Die Entscheidung war ein entsetzlicher, mich sehr quälender Vorgang. Ich hätte mir nie vorgestellt, daß ich je in meinem Leben noch in die Lage kommen würde, mit darüber entscheiden zu müssen, daß deutsche Soldaten sich an einer kriegerischen Aktion beteiligen.

ULRICH WICKERT: Sie haben sich ja gegen das Rekrutengelöbnis ausgesprochen.

WOLFGANG THIERSE: Ja, jedenfalls am 13. August, weil ich denke, das ist ein solcher Affront, am Tag des Mauerbaus, also einer militärischen Aktion der Kommunisten, zu verantworten von der SED-Führung und von der Sowjetunion, ein Gelöbnis ablegen zu müssen. Das ist sozusagen wie die Faust aufs Auge. Ich verstehe sehr gut, daß insbesondere so viele Ostdeutsche voller Angst, also mit ganz starken Emotionen, reagieren. Das hat ja eine lange Vorgeschichte. Da spielt unterschwellig eine Besorgnis gegenüber der NATO und den USA eine Rolle. Es gehört ja mit zu den ideologischen Grundmustern, mit denen wir aufgewachsen sind, die NATO und die USA als Feindbild zu sehen. Ich habe mich sehr darüber geärgert, daß Gregor Gysi und die PDS sich niemals dem Ernst des Dilemmas gestellt haben, vor das uns der Balkan gestellt hat, nämlich vor die Entscheidung, ob wir zuschauen, wie dort gemordet wurde, so wie wir in den vergangenen Jahren nie wirklich energisch gehandelt haben. Wir haben nicht richtig reagiert, als die Serben Dubrovnik bombardiert haben, wir haben nicht energisch genug reagiert, als das Gemetzel, der Massenmord von Srebrenica, stattgefunden hat. Im Kosovo haben wir reagiert. Ich sage ausdrücklich, Krieg ist nie gerecht, Krieg ist immer ungerecht – um einen Schuldigen zu treffen, muß man so viele Unschuldige treffen. Eine entsetzliche Situation. Aber dieser Situation hat sich Gregor Gysi nicht gestellt, sondern völkerrechtlich mit vielen anderen taktischen Fragen argumentiert, ohne die eigentliche Frage zu beantworten, wie schütze ich Menschenrechte angesichts eines Diktators, der sich einen Dreck darum schert. Sollten wir, gerade wir Ostdeutschen, deren dramatische Sehnsucht zur DDR-Zeit doch die Erringung von Menschenrechten, von Freiheitsrechten war, zusehen, wie nebenan, auf dem eigenen Kontinent, in einem Land, das zum selben sozialistischen Lager gehörte wie wir, wie dort die elementaren Menschen- und Freiheitsrechte mit Füßen getreten, wie Menschen gemordet wurden? Ich sage auch aus der doppelten Erfahrung, die wir als Deutsche angesichts der Nazizeit und die wir als Ostdeutsche angesichts der kommunistischen Diktatur gemacht haben, daß wir eine zwingende Verpflichtung hatten einzugreifen. Die PDS hat vom Kriegsminister Scharping geredet, von seinen Bomben als den Bomben „anderer". Das ist so ein bißchen wie Pilatus: Die eigenen Hände in Unschuld waschen und sich nicht wirklich dem Konflikt aussetzen.

ULRICH WICKERT: Herr Thierse, zum Schluß eine persönliche Frage. Wir befinden uns hier nicht im Reichstagsgebäude, sondern in der Kulturbrauerei am Prenzlauer Berg. Sie wohnen wenige Meter von hier entfernt in der Wohnung, in der Sie seit 25 Jahren leben. Sie haben darauf verzichtet, in eine große Amtsvilla einzuziehen. Wie wichtig ist für Sie der Mikrokosmos Heimat?

WOLFGANG THIERSE: Ich hab immer das dringende Bedürfnis, so normal wie möglich weiterzuleben, auch wenn man sich jetzt in einem herausgehobenen Amt befindet. Mir ist wichtig, zu sehen, wie rings um mich herum die Menschen leben. Ich möchte gerne auch Freunden, Vertrauten und Nachbarn begegnen. Ich will sehen, was sich verändert. Und das kann man gerade dann sehen, wenn man im selben Kiez wohnen bleibt und weiß, da war ein Geschäft, jetzt ist das da. Der hat eröffnet, und jetzt hat er es schon wieder geschlossen. Aus dem Uhrmacher zu DDR-Zeiten ist etwas ganz anderes geworden, der hat überlebt. Ein Moment von menschlicher Bindung, von Bodenhaftung, von Vertrautheit ist unerhört wichtig für mich. Wenn ich in eine vornehme Gegend ziehen würde, hätte ich wahrscheinlich irgendwann ein Gefühl von sozialer und menschlicher Entwurzelung. Und das möchte ich mir nicht antun.

„Versöhnung mitten im Streit"

Rede nach der Wahl zum Bundestagspräsidenten am 26. Oktober 1998 in Bonn

Liebe Kolleginnen und Kollegen,

erlauben Sie mir eine persönliche Bemerkung: Als ich
im Oktober 1990 zum erstenmal im Deutschen Bundestag – ich erinnere mich noch genau; es war am 4. Oktober
im Reichstag in Berlin – reden konnte, habe ich davon gesprochen, was es für mich bedeutete, über 30 Jahre lang
gewissermaßen aus sehr weiter Ferne parlamentarische
Debatten zu verfolgen, welche Faszination die parlamentarische Demokratie auf mich von Kindesbeinen an aus-
übte. Es erfüllt mich deshalb mit großer Bewegung,
heute von Ihnen zum Parlamentspräsidenten gewählt
worden zu sein. Daß ein ehemaliger Bürger der DDR dieses Amt übertragen bekommt, ist dabei wohl mehr als
eine Geste. Es ist durchaus ein historisches Datum. Das
ist keine unbescheidene Behauptung, denn sie meint ja
nicht mich, sondern gilt dem eigentlichen Vorgang. Zum
erstenmal wurde ein *Ostdeutscher* in eines der hohen
Ämter der gemeinsamen Republik gewählt.

Acht Jahre nach der staatlichen Vereinigung ist das ein
Akt demokratischer Normalität in den noch immer
nicht ganz konflikt- und vorurteilsfreien ost-westdeut-
schen Verhältnissen – ein Schritt im Prozeß, den „innere
Vereinigung" zu nennen wir uns angewöhnt haben. In
diesem Zusammenhang empfinde ich mich in einem
gänzlich uneitlen Sinne als Stellvertreter, als Repräsentant meiner ostdeutschen Mitbürgerinnen und Mitbürger.

Ich bin weder mein Leben lang ein Widerstandskämpfer gegen die SED-Herrschaft gewesen noch habe ich mich jemals mit dieser Herrschaft identifizieren können oder wollen. Darin stehe ich vermutlich für eine große Mehrheit meiner Landsleute in den ostdeutschen Ländern. Es gab das wirklich – das richtige Leben im falschen System! Es bleibt weiterhin notwendig, was ich seit acht Jahren gewissermaßen als „politischer Wanderprediger" einfordere, nämlich einen Unterschied zu machen zwischen dem Urteil über das gescheiterte System und dem Urteil über die Menschen, die in ihm gelebt haben, leben mußten und die nicht alle gescheitert sind, nicht gescheitert sein dürfen!

Wenn die vielbeschworene innere Einheit wirklich gelingen soll – wir wollen sie ja alle –, dann setzt sie jene Gleichberechtigung voraus, die erst durch die Anerkennung von Unterschieden, durch den Respekt vor andersartigen Biographien ermöglicht wird. Dieser deutsch-deutsche Diskurs, der Vergangenheit und Gegenwart einschließt, ist noch lange nicht an sein Ende gekommen. Und in ihm wird auch von Enttäuschungen die Rede sein müssen.

Wie viele andere Ostdeutsche habe ich auf die *deutsche Einheit* gehofft, solange ich politisch denke. Diese Hoffnung war aber – ganz und gar nicht nationalistisch – die Hoffnung auf Freiheit und Demokratie. Ostdeutschland hat in den letzten acht Jahren einen Wandlungsprozeß durchlaufen, dessen Dramatik für die Menschen durch die Wörter „Transformation" oder „Umbruch" nicht auf den Begriff gebracht werden kann. Nachdem wir die sich plötzlich bietende Chance zu Einheit und Freiheit entschlossen wahrgenommen haben – es waren sehr viele daran beteiligt –, verursachen die Probleme der Einheit – die Probleme, die wir uns immer gewünscht haben, wie Egon Bahr einmal gesagt hat –, erzeugen die Erschütterungen und Enttäuschungen des Einigungsprozesses bei nicht wenigen tiefe Zweifel an der Demokratie selbst, an der Problemlösungsfähigkeit demokratischer Politik. Allerdings: Ich habe in den letzten Wochen auch erlebt, wie die Erfahrung, daß der Wechsel zwischen Regierung und Opposition nicht nur theoretisch, sondern ganz konkret möglich ist, viele dieser Zweifel verringert hat.

Ich darf von dieser Stelle aus gewiß die Vermutung äußern, daß auch die respektvolle Art, wie die Parteien, die handelnden Personen, in dieser Situation miteinander umgegangen sind, daß die unaufgeregte, fast unspektakuläre Weise des demokratischen Machtwechsels beispielhaft ist für das, was altmodisch und doch so zutreffend „Gemeinsamkeit der Demokraten" genannt wird – ein überzeugender Ausweis entwickelter und gefestigter demokratischer Kultur Deutschlands! Bonn ist eben nicht Weimar geworden, und Berlin wird es, dessen bin ich gewiß, auch nicht werden!

Liebe Kolleginnen und Kollegen, am 20. Juni 1991 hat der Deutsche Bundestag beraten und beschlossen, wie wir durch die *Verlagerung von Bundestag und Teilen der Bundesregierung nach Berlin* zur Vollendung der Einheit Deutschlands beitragen wollen. Über sieben Jahre sind seither vergangen – sieben Jahre, in denen wir Vorbereitungen getroffen und um Vertrauen geworben haben. Der Deutsche Bundestag hat seither seine Vertragstreue und seine Aufmerksamkeit für alle Notwendigkeiten und Folgen dieses Schrittes bewiesen. Wir haben versucht, gerechte Lösungen für alle Menschen zu finden, die von diesem tiefgreifenden Vorgang in Berlin, in Bonn und in anderen Regionen betroffen sind.

Im nächsten Jahr nun wird der 14. Deutsche Bundestag den großen Schritt tun und seinen Sitz in die alte Hauptstadt und neue Bundeshauptstadt Berlin verlegen. Ich freue mich darauf, weil das eine Konsequenz aus der wiedergewonnenen Einheit ist. Die Verlegung des Parlamentssitzes nach Berlin, wo sich das Parlaments- und Regierungsviertel über die ehemalige Sektorengrenze, über die ehemalige Mauer, dieses absurde und tödliche Monument der Teilung, hinweg wie eine Klammer spannen wird, ist ein Teil der Verwirklichung des Wunsches von Willy Brandt: daß zusammenwächst, was zusammengehört.

Mir erscheint – das wird Sie nicht wundern – Berlin als eine Chance für das Parlament wie für die Bundesregierung. Wir können sie nutzen, indem wir uns für die pluralistische, vielfältige Kultur in dieser Stadt öffnen. Wir alle sollten diese Chance, die Berlin bietet, nutzen und das Gespräch, den Streit zwischen Kultur und Politik tatsächlich intensivieren.

Der historisch außerordentliche Vorgang, ein lebendes, arbeitendes Parlament in eine lebendige, arbeitende, pulsierende Metropole zu verlagern und zu integrieren, wird uns in dieser Wahlperiode vor besondere Aufgaben stellen. Dabei wird meine Sorge und Aufmerksamkeit besonders darauf gerichtet sein, daß allen Abgeordneten bestmögliche Arbeitsbedingungen und Wirkungsmöglichkeiten geschaffen werden. Wir brauchen ein Parlament, das vom ersten Tag an seinem neuen Sitz arbeitsfähig ist. Nur ein gut funktionierender Bundestag garantiert auch die Funktionsfähigkeit unserer parlamentarischen Demokratie. Wir können uns keinen Einbruch und keinen Stillstand der gesetzgebenden, kontrollierenden und informierenden Arbeit des Bundestages erlauben.

Wenn das Parlament seine Arbeit in Berlin aufnehmen wird, wird es *Bonn* verlassen. Hier am Rhein sagen manche, der Bundestag werde Bonn den Rücken kehren. Ich möchte dem widersprechen. Ich selbst habe erfahren dürfen, welche Anstrengungen diese Stadt unternommen hat, um den Abgeordneten gute Arbeitsbedingungen zu sichern, und wie uns Bonn und die Bonnerinnen und Bonner mit offenen Armen empfangen haben. Wir haben gemeinsam die Entscheidung getroffen, daß in Zukunft Teile der Regierung ihren Sitz in der Bundesstadt Bonn behalten. Das bedeutet zwangsläufig, daß der Deutsche Bundestag auch weiterhin mit Bonn verbunden verbleiben wird. Wir hinterlassen keine Tabula rasa, sondern eine funktionsfähige Bundesstadt.

Liebe Kolleginnen und Kollegen, müssen die Menschen, vor allem die im Westen, Angst vor einer neuen *„Berliner Republik"* haben? Gegenwärtig wird in den Feuilletons wieder das goldene Zeitalter am Rhein beschworen, und zwar durchaus mit elegischem Unterton. Vielleicht liegt es an meiner ostdeutschen Unbefangenheit, daß ich in das Klagelied nicht einzustimmen vermag. Immerhin, Günter Grass warnte noch vor der Bundestagswahl: „Will man mit dieser preußisch-forschen Benennung die ‚Weimarer Republik' und deren Scheitern heraufbeschwören? Soll etwa Berlin, eine Stadt, die mit sich selbst nicht zu Rande kommt, die hinfällige Republik sanieren?"

Ich glaube nicht, daß diese Befürchtungen berechtigt sind. Nicht Berlin, die Stadt, hat den preußischen Militarismus entstehen lassen, sondern es waren die politischen und militärischen Eliten, die ihm zum Durchbruch verhalfen. Nicht Berlin hat das Monster des Nationalsozialismus geboren, sondern eine in anderen Teilen Deutschlands erstarkende politisch-rassistische

Bewegung hat – übrigens sehr spät – schließlich auch von der deutschen Hauptstadt Besitz ergriffen.

Nein, nicht um die Gefahren eines preußisch-militaristischen Zentralismus wird es in Berlin gehen. Berlin sowohl als geographischer Ort wie auch als Schmelztiegel der deutsch-deutschen Probleme zwingt auch uns, das Parlament, uns diesen Problemen ganz unmittelbar zuzuwenden. Die eine – sehr gegenwärtige, sehr notwendige – Perspektive, wie sie der Publizist Klaus Hartung formuliert hat, heißt: „Die Frage für die ‚Berliner Republik' kann nur sein: Hat sie mehr Kraft und Möglichkeiten, die Zivilgesellschaft in Ostdeutschland durchzusetzen?"

Ich hoffe sehr, daß sie diese Kraft entwickelt. Aber die andere Perspektive ist nicht weniger wichtig: Auch die Westdeutschen müssen sich auf das vereinte Deutschland und seine Veränderungen noch mehr einlassen.

Genauer besehen allerdings sind unsere *Vereinigungsprobleme* selber nur ein *Teil*, ein Unterkapitel *globaler Probleme und Veränderungen,* die uns Deutsche immer mitbetreffen. Denn, liebe Kolleginnen und Kollegen, der 14. Deutsche Bundestag konstituiert sich in bewegten Zeiten. Sicher, die akute Gefahr einer Eskalation der kriegerischen Auseinandersetzungen im Kosovo wurde vorerst gebannt. Aber wir alle wissen, wie fragil diese neu geschaffene Situation ist, daß die militärische Bedrohung, die Gefahr von Hunger, Seuchen und Kälte für die Hunderttausende Flüchtlinge beileibe nicht endgültig gebannt ist.

Die noch im Amt befindliche Bundesregierung, Vertreter der noch zu wählenden neuen Regierung und das gesamte Parlament haben mit ihren Entscheidungen und mit der Debatte in der vorletzten Woche bewiesen, daß verantwortliches Handeln der Deutschen in Europa möglich ist. Ich zolle all denen meinen Respekt, die mit diesem hohen Verantwortungsbewußtsein und gewichtigen moralischen Argumenten auf beiden Seiten dieser Debatte gestritten haben. Das macht Mut für die Arbeit in der bevorstehenden Legislaturperiode.

Aber nicht nur in Europa ist die Kriegsgefahr weiterhin nicht von der Tagesordnung verschwunden. Die Welt schaut mit Bangen darauf, ob die in Washington mühsam ausgehandelten Vereinbarungen zu einem dauerhaften Frieden zwischen den Israelis und den Palästinensern führen werden. Wir Deutschen haben ein besonderes Interesse daran, daß dieser Friedensprozeß vorankommt und erfolgreich endet.

In Deutschland erleben wir zur Zeit selbst, wie sehr diese eine Welt in den Zeiten der Globalisierung zusammenwächst. Nicht nur an den Börsen haben die Turbulenzen einer von Asien und Rußland ausgehenden Währungs- und Finanzkrise auch unsere ökonomische und soziale Lebenswirklichkeit berührt. Mehr denn je stehen wir vor der Aufgabe, unsere politischen und wirtschaftlichen Aktivitäten mit unseren europäischen Nachbarn abzustimmen und auf diesem Wege den mit Maastricht begonnenen Weg der europäischen Einigung zu vollenden. Die gemeinsame europäische Währung wird unweigerlich – ich begrüße das – unseren Alltag verändern, jeden einzelnen bewußt „europäisieren".

Der Übergang von einer klassischen Industriegesellschaft in eine Dienstleistungs- und Mediengesellschaft, das unbewältigte Problem der Massenarbeitslosigkeit, die daran geknüpften unabweisbaren Umbauerfordernisse für unsere sozialen Sicherungssysteme – all dies markiert *Herausforderungen,* die auch im nationalen Maßstab nach neuen, innovativen, auch unkonventionellen Lösungen geradezu schreien. Die Antworten der Politik sind im Zeichen weltweiter Interdependenzen sicher nicht einfacher geworden. Aber die Menschen in unserem Lande erwarten doch mit Recht von uns, dem von ihnen gewählten demokratischen Parlament, daß wir uns dieser Herausforderungen ernsthaft annehmen. Die Politik muß gerade in einer Zeit beschleunigten Wandels und Auseinanderdriftens gesellschaftlicher Interessen ihre Gestaltungskraft beweisen. Sonst nimmt der Politikverdruß wieder zu, der wiederum Nährboden des Rechtsextremismus ist.

Daß Menschen auf Veränderungsdruck auch mit Ängsten, mit Abwehr, mit Ausgrenzungsversuchen reagieren, muß uns nicht wundern. Es liegt aber an der *Überzeugungskraft demokratischer Politik*, ob solcherart Mechanismen unser gesellschaftliches Zusammenleben dominieren.

Bei Jürgen Habermas ist zu lesen: „Der beschleunigte Wandel moderner Gesellschaften sprengt alle stationären Lebensformen. Kulturen bleiben nur am Leben, wenn sie aus Kritik und Sezession die Kraft zur Selbsttransformation ziehen. Rechtliche Garantien können sich immer nur darauf stützen, daß jeder in seinem kulturellen Milieu die Möglichkeit behält, diese Kraft zu regenerieren. Und diese wiederum erwächst nicht nur aus der Abgrenzung, sondern mindestens ebensosehr aus dem Austausch mit Fremden und Fremdem.“

Das, liebe Kolleginnen und Kollegen, will mir als eines der notwendigen und wichtigen Motive unserer Arbeit in den nächsten vier Jahren erscheinen. „Die Einbeziehung des Anderen“, wie die Habermassche Formel heißt, also unser Umgang mit kulturellen, ethnischen, religiösen, sozialen und Geschlechter-Differenzen, wird ein Ausweis dafür sein, wie modern, wie europäisch unser Deutschland ist, wie modern, wie europäisch dieses Parlament unser Land macht: durch seine gesetzgeberischen Initiativen zum Staatsbürgerschaftsrecht, zur Integration der bei uns lebenden Bürger ausländischer Herkunft, zum Umgang mit Minderheiten, zur Reform des Sozialstaats, zur Selbstbestimmung und Stärkung der demokratischen Mitwirkungsmöglichkeiten der mündigen Bürgerinnen und Bürger.

Bei allen Meinungsverschiedenheiten im einzelnen zwischen den Parteien bin ich doch überzeugt davon, daß wir im Ziel einer solidarischen und toleranten Gesellschaft beieinander bleiben sollen und beieinander bleiben können.

Liebe Kolleginnen und Kollegen, wir wollen *gute Nachbarschaft* anstreben und fortsetzen mit den anderen europäischen Völkern auf dem Weg zum Europa der Bürger. Die Beziehungen zwischen den Parlamenten können einen Beitrag zu dieser guten Nachbarschaft leisten, sie vertiefen und festigen. Vor dem Hintergrund der Tatsache, daß die Welt kleiner geworden ist, müßte ich jetzt viele Staaten nennen, die uns wichtig sind und die einen solchen Beitrag des Deutschen Bundestages erwarten und begrüßen.

Statt dessen will ich einen Satz aus dem Wahlkampf auf die internationalen Parlamentsbeziehungen ummünzen: Lassen Sie uns nicht alles anders, aber manches noch besser machen! Stellvertretend darf ich aus ostdeutscher Erfahrung und eingedenk des unvergeßlichen Beitrags unserer mittel- und osteuropäischen Nachbarländer zur deutschen Einheit einen unserer unmittelbaren Nachbarn nennen: Jeder auch unserer Gäste aus dem diplomatischen Korps wird es richtig verstehen, wenn ich sage, daß am Werk der deutsch-polnischen Freundschaft weiter gearbeitet werden muß.

Liebe Kolleginnen und Kollegen, daß rechtsextremistische, neonazistische Parteien bei der Bundestagswahl keinen Erfolg hatten, war gewiß ein Anlaß zu ungeteilter Freude bei allen im Bundestag vertretenen Parteien. Aber Entwarnung wäre nicht angemessen. Ich bin sicher, im Namen aller Fraktionen zu sprechen, wenn ich an unsere Pflicht erinnere, die Gegner der Demokratie abzuwehren und in ihre Schranken zu verweisen – immer neu.

Es gibt Gegner der Demokratie, die sich als Linke definieren, und es gibt Gegner der Demokratie auf der extrem rechten Seite des politischen Spektrums. Gegenwärtig entfaltet linker *Extremismus in Deutschland* kaum gewalttätige Wirksamkeit, wohingegen ein nennenswerter Teil vorwiegend der männlichen Jugend in rechtsextremistisches Fahrwasser gerät. Wir müssen uns gemeinsam mit dieser Gefährdung befassen, um sie gemeinsam zu bestehen. Es soll hier nicht von den Aufgaben die Rede sein, die auch unter dem Gesichtspunkt des Rechtsextremismus Gegenstand zum Beispiel beschäftigungs- und bildungs-politischer Debatten sein werden. Meine Anregung ist es, jenseits dieser Aufgaben eine Anstrengung zu unternehmen, den Grundwerten unserer Verfassung neue öffentliche Aufmerksamkeit zu verschaffen, diese Grundwerte lebendig zu halten, damit sich die Bürgerinnen und Bürger bewußt bleiben, was ihnen persönlich wie gesellschaftlich verlorengeht, wenn Feinde der Freiheit wirklich Einfluß gewinnen würden.

Es gibt angesichts dieser Probleme eine europäische Debatte über den Zustand unserer Gesellschaften, die sich mit den Problemen der *sozialen Kohäsion* beschäftigt. Das klingt in der deutschen Sprache am besten, wenn man es mit einer Frage übersetzt: Was hält diese Gesellschaft zusammen? Dies wird eine zentrale Frage unserer Debatten sein müssen; denn die Antwort lieg nicht schon auf der Hand, wenn es um eine einzelne politische Entscheidung geht.

Der italienische Politologe Norberto Bobbio hat in einem Essay über die Toleranz eine Wendung benutzt, die dem Gehalt nach schon bei Hannah Arendt zu lesen war: Es gebe nur zwei Arten, das Zusammenleben zu organisieren, entweder durch Kompromisse oder durch Unterdrückung. Lassen Sie uns in diesem Hause einen Umgang miteinander pflegen, der Kompromisse ermöglicht, die die Gesellschaft zusammenhalten. Das glaubwürdige Streben nach Gerechtigkeit und das Ausmaß an Toleranz, welches gute Nachbarschaft ermöglicht, sind in diesem Zusammenhang unverzichtbar.

Rita Süssmuth hat in ihrer Eröffnungsrede vor vier Jahren von der Demokratie als der einzigen Staatsform gesprochen, „die nicht von der Arroganz des endgültigen Wissens geprägt ist". Diese Grundüberzeugung sollte unser aller parlamentarisches Verhalten bestimmen.

In den Reden meiner verehrten Vorgängerinnen und Vorgänger finden sich viele Ermahnungen und Ermunterungen zu *Fairneß und Toleranz,* zum Zuhörenwollen und Zuhörenkönnen, jenen elementaren Voraussetzungen dafür, daß Demokratie funktioniert. Es ist nicht mein Eindruck, daß die Zuhörbereitschaft zunimmt, daß die Bereitschaft sich ausbreitet, von der Meinung und Argumentationskraft eines anderen sich sehr beeindrucken zu lassen. Läßt sich das durch Appelle ändern? Wohl nicht. Aber vielleicht paßt hier ein kleiner Satz von Martin Walser, der mir vor vielen Jahren, also schon zu DDR-Zeiten, hilfreich war: „In meinem Kopf hat mehr als eine Meinung Platz."

Von uns Politikern, von uns Parlamentariern zu verlangen, daß wir bessere Menschen sein sollten als die anderen, ist illusionär und unziemlich. Aber daß wir in dem, was unsere ureigene Sache ist, unweigerlich als Vorbild wirken – positiv oder eben auch negativ –, das ist

wohl nicht zu bestreiten. Also sollten wir parlamenta-
risch das überzeugend vorleben, was die Demokratie ist:
energische Auseinandersetzung zwischen konkurrieren-
den Interessen, Meinungen, Ansprüchen *und* zugleich
die Bereitschaft, die Fähigkeit zum Kompromiß, zum
Konsens. In einem der großartigen Gedichte von Friedrich Hölderlin findet sich dafür eine wunderbare poeti-
sche Formel: „Versöhnung mitten im Streit".

Das Herz unserer Demokratie

Vorwort für die Festschrift zum Einzug des Deutschen Bundestages in das Berliner Reichstagsgebäude, Bonn 1999

Ende April 1999 nimmt der 14. Deutsche Bundestag im Berliner Reichstagsgebäude seine Arbeit auf. Dieser Wechsel vom Rhein an die Spree setzt die Entscheidung des 12. Deutschen Bundestages vom 20. Juni 1991 um. Das umgebaute Reichstagsgebäude in der Bundeshauptstadt Berlin wird dauerhaft Sitz unseres Parlamentes. Der Einzug des Deutschen Bundestages in dieses historisch bedeutsame Gebäude bedeutet zwar keineswegs einen völligen Neubeginn. Im Gegenteil: es gilt von Berlin aus fortzuführen, was in den Bonner Jahrzehnten an demokratischen Traditionen geschaffen worden ist. Ich denke dabei vor allem an die Westorientierung, die europäische Integration und an jenes gelassene, bescheidene, nicht nationalistische Selbstbewußtsein der Bundesrepublik, das ich zu einem Teil dem rheinischen Einfluß zuschreibe. Der Umzug von Bonn nach Berlin ist dennoch mehr als nur ein Standortwechsel unseres Parlamentes. Berlin wird andere kulturelle, kommunikative Einflüsse auf den Bundestag ausüben. Sie werden offener, spannungsreicher, zudringlicher und widersprüchlicher sein. Ich bin davon überzeugt, daß die Auswirkungen positiv sein werden.

Das Pro und Contra des Parlamentsumzugs ist in Politik und Öffentlichkeit intensiv diskutiert worden. Die Parlamentsdebatte am 20. Juni 1991 war kritisch und kontrovers, aber stets konsensorientiert und insofern vorbildlich demokratisch. Es gab bedenkenswerte Argumente auf beiden Seiten, und es wurde mit Ernst und Engagement um die beste Entscheidung gestritten. Ich habe mich damals nachdrücklich für Berlin als Sitz des Deutschen Bundestages ausgesprochen, weil ich der Meinung bin, daß dieser Beschluß einen entscheidenden Schritt zur Vollendung der Einheit Deutschlands darstellt. Die Bundeshauptstadt Berlin – so habe ich in meinem damaligen Debattenbeitrag argumentiert – dürfe kein bloßes Etikett sein. Schon ein gutes halbes Jahr nach der staatlichen Einheit erwies sich der erhebliche Kompetenzverlust Ostdeutschlands. Alle Entscheidungszentren befanden sich im Westen. Das ist überwiegend heute noch so: der deutsche und europäische Finanzplatz bleibt Frankfurt am Main; Bonn bleibt Bundesstadt und Sitz von Teilen der Regierung; die industriellen und wirtschaftlichen Zentren sind am Rhein und in Süddeutschland. Da ist es nur ein fairer Ausgleich, wenn das Parlament, das Zentrum der politischen Macht, fortan in Berlin arbeitet. Diese Argumente halte ich heute für ebenso stichhaltig wie damals. Die Entscheidung für Berlin hat uns in Deutschland bereits näher zusammenrücken lassen. Der Umzug in die Bundeshauptstadt wird wesentlich zur Verwirklichung der politischen, sozialen und menschlichen Einheit Deutschlands beitragen.

Der Umzug unseres Parlamentes aus dem größten westdeutschen Bundesland in die früher geteilte Hauptstadt inmitten der neuen Bundesländer zeigt den Menschen in Ostdeutschland, daß die parlamentarische Demokratie sich ihrer Probleme annimmt. Die Abgeordneten des Deutschen Bundestages werden in Berlin und Umgebung unmittelbar mit den bestehenden und bedrängenden Schwierigkeiten der Vereinigung konfrontiert. Sie arbeiten und leben künftig in der Stadt, die zu

Recht als Werkstatt der Einheit bezeichnet wird. Zweifellos wird das Verhältnis zwischen Politik und Öffentlichkeit in Berlin ein anderes sein als in Bonn, wird sich ein intensiverer, kritischerer Dialog zwischen Bürger und Politik entwickeln. Hiervon erwarte ich neue Impulse für politisches Handeln.

Der neue Sitz des Deutschen Bundestages, das Berliner Reichstagsgebäude, steht für gute wie schlechte Phasen deutscher Politik. Hier hat es dunkelste Stunden des Parlamentarismus in Deutschland ebenso gegeben wie Ereignisse, die zu den glücklichsten unserer Geschichte gehören. Ich erinnere besonders an die Nacht der Einheit am 3. Oktober 1990. Die vorliegende Festschrift will verdeutlichen, daß sich der Deutsche Bundestag der Traditionen jenes Gebäudes bewußt ist, das Ende April 1999 dauerhaft Sitz unseres Parlamentes wird. Als das „Herz unserer Demokratie" wird sich der Deutsche Bundestag auch am neuen Ort engagiert den politischen Herausforderungen der Zukunft stellen – im Sinne aller Bürgerinnen und Bürger unseres Gemeinwesens. Dies bringt der Titel der Festschrift zum Einzug des Parlamentes ins Reichstagsgebäude zum Ausdruck: „Dem Deutschen Volke".

Eine Botschaft an künftige Generationen

Rede in der Debatte zum Holocaust-Denkmal
am 25. Juni 1999 im Deutschen Bundestag

Wir müssen heute entscheiden. Wollen wir nach zehn-
jähriger Debatte ein Denkmal für die ermordeten Juden
Europas errichten?

Immer wieder höre ich: alle Argumente sind ausge-
tauscht. Aber ich höre auch: Wir, die Deutschen, wir, der
Deutsche Bundestag, seien gar nicht mehr frei in unserer
Entscheidung. Der öffentliche, auch der internationale
Erwartungsdruck sei so hoch, daß die Entscheidung
letztlich bereits präjudiziert sei.

Und doch sage ich: Dies ist unsere, unsere ureigene
Entscheidung, die wir aus eigener Verantwortung mit
Blick auf unsere eigene Nationalgeschichte und die Bedingungen ihres Erinnerns zu treffen haben. *Wir* müssen
sie wollen – unabhängig davon, wie Betrachter von drau-
ßen darüber urteilen.

Aber schon das *Wie* unserer heutigen Entscheidungs-
findung, diese Debatte eingeschlossen, die Würde, mit der
wir uns des Themas annehmen, wird Auskunft darüber
geben, ob wir Deutschen uns mit Anstand aus diesem
Jahrhundert verabschieden. Es gibt Stimmen, die möchten
gerne einen Schlußstrich unter das dunkle Kapitel deutscher Vergangenheit ziehen. Ich glaube, daß wir das mit
Ernst und Leidenschaft abzulehnen haben. Manch einer
versteckt sich auch gerne hinter Verfahrenserwägungen,
um mit anderen Motiven das Denkmal doch noch zu Fall
zu bringen. Auch dem haben wir zu widerstehen.

Aber es gibt auch sehr achtenswerte Argumente auf der Seite derjenigen, die einem solchen Denkmal grundsätzlich skeptisch gegenüberstehen. Immerhin berührt der Holocaust die „Grenze unseres Verstehens", wie es Hanno Loewy treffend ausgedrückt hat. Und die mehrfachen Auslobungsverfahren bezeugen ja die Schwierigkeit, einen künstlerischen Ausdruck für das Unfaßbare zu finden, für die Monstrosität der nationalsozialistischen Gewaltverbrechen, für den Genozid an den europäischen Juden.

Kann deshalb die Antwort heißen, heute auf die Entscheidung für ein Denkmal zu verzichten? Ich sage ganz entschieden: Nein! Natürlich stimmt es, wenn Ignatz Bubis sagt, er brauche ein solches Mahnmal eigentlich nicht, das wahre Mahnmal sei in seinem Herzen. Aber was für den deutschen Juden Ignatz Bubis gilt, das kann und darf für uns, die Nachkommen der Täter, nicht in gleichem Maße gelten. Denn nicht für die Juden, ob deutsche, ob andere, bauen wir dieses Denkmal, sondern für uns – als unser ureigenes Bekenntnis zu einem politischen Selbstverständnis, „in das die Tat – das im Nationalsozialismus begangene und geduldete Menschheitsverbrechen – und damit die Erschütterung über das Unsagbare, das den Opfern angetan worden ist, als persistierende Beunruhigung und Mahnung eingebrannt ist", wie es Jürgen Habermas ausgedrückt hat. Vor diesem Denkmal dürfen Wegsehen und Gleichgültigkeit keinen Bestand haben!

Wir müssen heute entscheiden: Wollen wir dieses Denkmal nicht nur den ermordeten europäischen Juden, sondern auch den anderen vom Nationalsozialismus verfolgten, gequälten, ermordeten Opfern widmen?

Diese Entscheidung fällt mir nicht leicht. Reinhard Kosellecks eindringlicher Appell ist von Gewicht, wir dürften uns als Täter nicht anmaßen, eine Hierarchie der Opfer festzuschreiben. Schärfer noch fügt er hinzu: Wer dies tut, bedient sich weiterhin jener Kategorien, mit denen die SS ihre Opfer definiert hat, um sie zu vernichten. Wenn ich dennoch vehement für die Eingrenzung der Widmung auf die ermordeten europäischen Juden plädiere, dann geschieht dies vor dem Hintergrund der Zentralität des organisierten Massenmordes der jüdischen Bevölkerung für den nationalsozialistischen Rassenwahn. Auschwitz symbolisiert (um mit Eberhard Jäckel zu sprechen) den „Höhepunkt des jahrtausendealten Judenhasses". In diesem Zusammenhang sollen und müssen wir unsere heutige Entscheidung treffen, die *keinerlei* Geringschätzung der anderen Opfergruppen darstellt, der Sinti und Roma, der politisch Verfolgten, der Homosexuellen, der geistig Behinderten. Wir bleiben in der Pflicht, für ein würdiges Gedenken ihrer jeweiligen Schicksale zu sorgen.

Wir müssen heute entscheiden: Wollen wir dieses Denkmal in der Form des von Peter Eisenman entworfenen Stelenfeldes oder als biblische Mahnung „Du sollst nicht morden" errichten?

Der von Richard Schröder wieder aufgegriffene Vorschlag eines früheren Wettbewerbsentwurfs hat etwas bestechend Einfaches und Einleuchtendes: Er stellt das Denkmal in den Zusammenhang der jüdisch-christlichen Geistestradition und erinnert uns an die Ursprungsidee eines der universellen Menschenrechte und Menschenpflichten. Zudem entgeht er den vielfach vorgetragenen Vorwürfen der Monumentalität auf der einen und der unvermittelten Sprachlosigkeit auf der anderen Seite. Denn auch da liegt eines der Probleme unserer Entscheidung: Viele befürchten mit guten Gründen, daß der Monstrosität der Verbrechen durch eine Monumentalität des Gedenkortes begegnet werden soll. Die Gründe, warum ich gleichwohl Richard Schröders Vorschlag nicht folge, hat auf eine fast erschreckend einfache Weise der jüdisch-amerikanische Holocaustforscher Raul Hilberg zum Ausdruck gebracht. Er sagt:

„Der Satz ‚Du sollst nicht morden‘ ist ... einer über die deutsche Vergangenheit. Heutzutage fürchtet keiner, daß die Deutschen wieder ein Volk ermorden werden. Die Mahnung ist also überflüssig. Wenn ich einen Satz für das geplante Denkmal formulieren müßte, so lautete er: Du sollst nicht zuschauen."

Läge nicht genau darin die treffendere Botschaft, die es uns ermöglicht, die Diskussion mit den nachfolgenden Generationen zu führen, die uns mit Recht die Frage stellen, warum sie lebenslang kollektiv für Verbrechen einstehen und büßen sollen, die sie nicht persönlich zu verantworten haben? Denn auch das ist ja richtig: Gemordet hat nicht die Mehrzahl der Deutschen. Aber allzuviele haben sei es aus Angst, sei es aus Desinteresse, sei es aus heimlicher oder offener Sympathie – zugeschaut, als ihre jüdischen Nachbarn abgeholt und auf Todesmärsche und Todesfahrten geschickt wurden.

Aber wenn gute Gründe gegen diesen Vorschlag sprechen – erfüllt das von Peter Eisenman konzipierte Stelenfeld schon unsere komplexen Erwartungen, das künstlerisch auszudrücken, was in unserer Vorstellungskraft in die Kategorie des Unvorstellbaren fällt? Sicher werden Zweifel bleiben. Sie treiben mich im übrigen bis heute um. Denn ein solches Mahnmal darf nicht zu einer ins Abstrakte tendierenden Pathosformel werden, sondern muß zur emotionalen und intellektuellen Erinnerungsarbeit herausfordern. Harry Pross hat recht, wenn er sagt: „Ob das Hinsehen erschüttert, ob es erinnert, was erinnert werden soll, hängt vom Betrachter ab. Verordnet werden kann es nicht, auch nicht, daß das Hinsehen weh tun sollte."

Ich setze darauf, daß sich bei diesem Mahnmal das einstellt, was sich sein Gestalter selbst davon erhofft: daß es einen „Terror der Einsamkeit" entfaltet. Ein Nebeneinanderherlaufen zwischen den Stelen gibt es nicht, es gibt keinen Eingang, keinen Ausgang, kein Zentrum. So widersprüchlich es klingen mag: Auf diese Weise wird es denkbar, daß sich bei dem Besucher ein Verständnis des Unvorstellbaren einstellt. Auf diese Weise kommt es am ehesten dem nahe, was Jürgen Habermas die „geeignete Sprache" einer kompromißlosen Kunst für ein solches Denkmal genannt hat, ausgedrückt in einem „unaufdringlichen Pathos des Negativen".

Wir müssen heute entscheiden: Wollen wir es bei einem reinen Denkmal ohne jeden Zusatz belassen oder es durch einen Ort der Information ergänzen?

Ich gestehe, daß meine langgehegten Zweifel gerade damit zu tun hatten, daß ich die Formensprache eines reinen Denkmals für nicht ausreichend hielt, gerade mit Blick auf die nachgeborenen Generationen. Denn Erinnern und Gedenken sind beides sehr komplexe Vorgänge, aber sie sind nicht identisch. Historische Aufklärung kann politisches Bewußtsein schaffen und das Geschehene in Erinnerung bringen. Aber Trauer um die Toten, Empathie mit den Opfern stellen sich dadurch noch nicht ein. Orte des Gedenkens hingegen zielen auf Empathie, sie entwickeln – so sie gelungen sind – eine begriffslose Ausdruckskraft, eine geradezu sinnliche Wucht.

Auch auf diese Weise stellt sich Erkenntnis ein – aber nicht durch Lernerfahrung, sondern durch Evokation. Ich frage diejenigen, die das Denkmal in seiner reinen, durch nichts ergänzten Form verwirklichen wollen: Können wir uns sicher sein hinsichtlich der vorausgesetzten geschichtlichen Erinnerung, die evoziert werden soll, werden kann? Nur das leiseste Nein drängt uns zu einer Antwort, die wenigstens in der allervorsichtigsten Form nach einer Kombination von Erinnern und Gedenken suchen lassen sollte. Das meint ausdrücklich nicht den Vorschlag eines „Denkmals plus Volkshochschule", wie es ein Kollege kürzlich bewußt überspitzt ausdrückte. Aber es meint den Versuch, das historisch-bestimmte Erinnern immer neu als Movens des Gedenkens mit einzubeziehen.

Dies ist noch aus einem anderen Grunde notwendig. Feinfühligkeit und Empfindsamkeit sind nicht dauerhaft verfügbare Ressourcen. Tut das Hinsehen weh, wendet sich der Blick ab. Ein Denkmal, das im positiven Sinne „anstößig" ist, weh tut, braucht die kommunikative Hinführung und Auseinandersetzungsmöglichkeit. Wer die Menschen mit ihren Empfindungen alleine läßt, überläßt sie dem allzu verständlichen Rückzug ins Vertraute, Gewohnte, in – und sei es nur vermeintlich – angstfreie Räume. Raul Hilbergs Mahnung, „Du sollst nicht zuschauen", setzt zunächst Hinschauen voraus, bevor an Widerstehen überhaupt zu denken ist. Wer mit dem Leid des Hinschauens alleingelassen wird, dem bleibt nur der Rückzug.

Wir müssen heute entscheiden: Wollen wir die Entscheidung über die konkreten ästhetisch-künstlerischen Gestaltungsfragen, über die Ausgestaltung des Ortes der Information einer Stiftung übertragen oder soll die Bundesregierung diesen Auftrag bekommen?

Die Initiative für ein nationales Denkmal für die ermordeten Juden Europas ist im besten Sinne des Wortes als bürgergesellschaftliche Initiative entstanden. Ich möchte dafür – ich hoffe im Namen des ganzen Hauses –

dem Förderkreis und stellvertretend für ihn Leah Rosh und Eberhard Jäckel meinen herzlichen Dank aussprechen. Ohne ihr unermüdliches Engagement würden wir nicht in der Lage sein, heute unsere Entscheidungen zu treffen. Weil dem so ist, halte ich die Stiftungslösung für alternativlos. Die Umsetzung unserer Grundsatzbeschlüsse darf keine Frage staatlich-bürokratischer Entscheidungen werden. Sie muß unter Beteiligung der Initiatoren wie anderer Beteiligter und Fachleute erfolgen.

Das Denkmal, über das wir heute entscheiden, richtet sich an die zukünftigen Generationen mit der Botschaft: Scham ist ein Moment unser menschlichen Würde; aus dem politisch-praktischen Gedenken unserer mit unfaßbarem Unrecht verknüpften Geschichte erwächst moralische Gegenwartsverpflichtung und Zukunftsfähigkeit. Darum geht es.

Eine lange Abfolge von Hoffnungen und Enttäuschungen

Fünfzig Jahre DDR
Beitrag in der Frankfurter Allgemeinen Zeitung
vom 7. Oktober 1999

Das friedliche Dahinscheiden der DDR hatte viele Gründe, Ursachen, Bedingungen – ebenso wie die sanfte Revolution in Prag. Es war das Scheitern der Perestroika-Politik Gorbatschows; es war das Vorbild der Charta '77, es waren die Kraft der polnischen Solidarność-Bewegung, die Intelligenz der ungarischen Reformkommunisten, das ökonomische Desaster der SED-Politik, die Zivilcourage der Oppositionsgruppen in der DDR und schließlich die Handlungsfähigkeit westlicher Politiker von Helmut Kohl bis George Bush, die die Freiheit in Berlin wie in Prag und die Vereinigung Deutschlands ermöglichten.

Erst im Zusammentreffen dieser Voraussetzungen wurde sichtbar und wirksam, daß die raison d'etre der DDR verbraucht und zerstört war. Die DDR hatte ja nie eine eigene nationale Identität, sondern nur einen einerseits sicherheits- bzw. machtpolitischen Existenzgrund als Westposten des sowjetischen Imperiums (als Folge des Sieges über den Hitlerfaschismus) und andererseits eine immer prekäre, immer labile ideologische Identität, zunächst aus Antifaschismus gespeist, dann aus marxistisch-leninistischer Ideologie. Nur als Alternative zur bürgerlichen, kapitalistischen Bundesrepublik hatte die DDR ihre Rechtfertigung, das hatte Otto Reinhold, Chef der SED-Gewi-Akademie, noch kurz vor ihrem Untergang ausgesprochen. Wo die Ideologie nicht mehr geglaubt wird, wo der Vorposten unnötig wird, da erledigt sich die Basis für die mit so viel Mühen und Druck erbaute und verteidigte DDR. Es ereignet sich ein revolutionärer Zusammenbruch. Die DDR erlebt also ihren 50. Geburtstag nicht mehr, aber ihre Bürger haben sie überlebt. Ihre Bewohner hatten sich teils davongemacht und teils mit der mutig-banalen Feststellung, sie seien das Volk, die Herrschenden, das Fürchten gelehrt. Egon Krenz und Hans Modrow verhängten Hausarrest über Honecker und hoben den Hausarrest über das Volk auf. Die Mauer wurde passierbar. Das Volk hatte gesiegt.

Heute fragen sich manche, wie wir es immerhin 40 Jahre in der DDR ausgehalten haben. Zweifellos wäre das nicht auszuhalten gewesen, wenn es sich bei der „Diktatur des Proletariats" nur und einfach um ein dauerndes Jammertal gehandelt hätte.

Demokratie ist eine dem Grunde nach immer labile gesellschaftliche Selbstverständigung. Die Idee des regelmäßig durch Wahlen neu bestätigten Gesellschaftsvertrages der Individuen über den ihrem gemeinen Wohl nützlichen Staat verweist auch darauf, daß Verträge kündbar sind. Wenn der Souverän die politische Ordnung, die er sich gegeben hat, und die Ergebnisse der sie bestimmenden Verfahren nicht mehr versteht, wendet er sich ab. Mit diesem Risiko der Labilität hat sich Westdeutschland eine enorme, zum 50. Geburtstag hinreichend gewürdigte Stabilität erarbeitet und erstritten.

Der Souverän hatte diese Macht und Möglichkeit in der DDR nicht. Wer Diktaturen verhindern will, muß das tun, bevor sie an der Macht sind. Danach wird es schwer. Einer Demokratie und erst recht einer demokratisch legitimierten Regierung kann man sich viel schneller entledigen, so der Souverän es denn – mit relativer Mehrheit – wünscht.

Im vereinten Deutschland prägen heute Generationen die öffentliche Meinung, die sich vor allem darin unterscheiden, ob sie die SED-Diktatur am eigenen Leibe erfahren haben oder nicht. Das bestimmt den Rückblick auf die DDR und auch den Blick auf den gegenwärtigen Osten Deutschlands. Der westdeutsche Blick verführt zu dem Urteil, die Ostdeutschen seien auf jeden Fall mindestens mitverantwortlich für die Diktatur, die sie (willig?) ertragen hätten, seien verantwortlich für das Ausbleiben wirtschaftlicher Erfolge nach zehn Jahren Einheit trotz Milliardensubventionen aus dem Westen und im Zweifel seien sie mindestens auch politische Träger, Zuträger, Stützen jener Diktatur gewesen, die sie doch schließlich aus eigener Kraft abgeschüttelt haben.

Der ostdeutsche Blick dagegen verfinstert sich sowohl beim Rückblick als auch bei der Betrachtung der Gegenwart. Im Rückblick weiß man zu unterscheiden, wer mit welchen Taten die Diktatur gefestigt, wer mit welchen Taten gegen Stachel gelöckt hat, und auch, daß es lange gegen das Wegducken vor der Macht keine zumutbare Alternative gab. Helden sind nicht der Normalfall, sonst wären sie keine. Held wird man aus bestimmten persönlichen Dispositionen oder aus Verzweiflung. Die Helden von Leipzig waren Helden aus Verzweiflung, aus Hoffnungslosigkeit.

An dieser Hoffnungslosigkeit hat die SED vier Jahrzehnte gearbeitet – vier Jahrzehnte, in denen Versprechungen nicht gehalten wurden, sondern in eine üble Mischung aus Betrug und Repression mündeten; immer wieder aufs neue. Dieses beinahe religiöse Muster dogmatischer Politik, die alles Positive auf später vertröstet – die Volkssouveränität, den Wohlstand, die individuelle Freiheit, die wirkliche Gleichheit, die Verläßlichkeit der Spielregeln, die hohe Qualität und ausreichende Quan-

tität der Waren und Güter, alles werde im dereinst zu er-
reichenden Kommunismus Wirklichkeit. Dieser Trost
wurde erst recht gespendet, wenn die Normen der eigenen Verfassung, die Versprechungen des letzten SED-Par-
teitages gerade wieder nicht erfüllbar waren.

Man hatte das hinzunehmen. Man konnte Walter Ulbricht und Erich Honecker nicht abwählen. Man hatte
erlebt, daß schon beim Versuch, die offiziellen politischen Grundsätze ernst zu nehmen, die russischen Panzer auffahren. Max Fechner, damals Innenminister der
DDR, wurde entfernt, weil er nach dem 17. Juni 1953 die
Streikführer nicht bestrafen wollte. Denn das Streik-
recht stand damals in der Verfassung, für dessen Wah-
rung er doch besonders zuständig war. Diese Art von Verantwortung war unerwünscht. Die Streikführer wurden
bestraft für die Wahrnehmung eines verbrieften Rechtes.
Das war die Schlüsselerfahrung von 1953; es folgten die
Niederlagen von 1956, 1961, 1968, 1976.

Diejenigen, die die westdeutsche veröffentlichte Meinung machen, kennen solche Erfahrungen nicht, und sie
sollten dankbar dafür sein, statt die Stirn in Falten zu legen und darauf zu bestehen, daß Heldentum der einzig
richtige Weg gewesen zu sein habe. Es ging nicht um einen Preis für Zivilcourage, sondern um einen Modus vi-
vendi mit Verhältnissen, die die meisten DDR-Bürger
sich nicht haben aussuchen können. Und die meisten haben im falschen System ein richtiges Leben zu führen
versucht – mit Anstand, Witz, Intelligenz, aber nicht
ohne Beschämung und Niederlagen.

Differenzierung tut Not, möchten die Ossis den Wes-
sis angesichts allzu rascher und pauschaler Urteile über
ihr Leben im real existierenden Sozialismus zurufen. Da
dieser Ruf außerhalb eher wissenschaftlicher Zirkel konsequent überhört wird, ist als Gegenreaktion gewisser-

maßen ein trotziges, neues ostdeutsches Selbstbewußtsein entstanden – ein Selbstbewußtsein, das sich nicht mehr vornehmlich am Westen orientiert, das nach eigenen Wurzeln sucht, das allmählich begreift, wie oft westdeutsche Erfahrungen untauglich sind, ostdeutsche Probleme zu lösen. Eine Folge davon ist, daß Enttäuschungen nicht mehr mit neuer Hoffnung ausgeglichen, sondern konsequent abgestraft werden.

Ich will nichts beschönigen, aber auch nichts dramatisieren. Es gab keinen Hunger, sondern mehr als genug zu essen und zu trinken; es gab ein hohes Maß an sozialer Sicherheit und keine materielle Zukunftsangst; es gab im allgegenwärtigen Mangel die grimmige Idylle der Notgemeinschaft: Solidarität, Hilfsbereitschaft und auch die wechselseitige Verpflichtung informeller Beziehungen zur Beschaffung von Wasserhähnen, Handwerkerleistungen, von attraktiven Arbeitsplätzen und von Lehrstellen für die Kinder. Beziehungen waren notwendig, wenn ein Freund, Kollege, Familienmitglied in irgendwelche politischen Schußlinien geriet.

Vor diesem Hintergrund und vor dem Hintergrund der Gleichheit, daß wir alle mit relativ gefüllten Geldbörsen vor reichlich leeren Geschäften standen, spielten Statussymbole keine große Rolle. Nicht was jemand war, interessierte, sondern wer jemand war. Man achtete auf die Sprache, achtete auf das konkrete Verhalten, auf Vertrauenswürdigkeit, Zuverlässigkeit, auf die Intensität der wechselseitigen Zuwendung. Das führt übrigens auch zu der für westdeutsche Ohren unerhörten Erinnerung von Ostdeutschen, daß es anständige und unanständige SED-Funktionäre in den Betrieben und z. B. auf lokaler Ebene gegeben habe, zu einer ostdeutschen Weigerung, alles und alle über einen Kamm zu scheren.

Politik wurde in der DDR auf „religiöse" Weise ausgeübt. Von der dauernden Zukunftsverheißung war die Rede. Es begann mit einem klaren antifaschistischen Kurs, der nach dem Zweiten Weltkrieg sogar in der linken westdeutschen CDU Anhänger hatte. In welchem Verständnis auch immer galt „Sozialismus" als probates Mittel, den Nationalsozialismus radikal auszutreiben. Für viele, gerade Intellektuelle, war das attraktiv gewesen. Thomas Mann war nicht frei davon. Bert Brecht entschied sich nicht nur wegen des eigenen Theaters für die DDR. Weitere Emigranten, von den Nazis aus Deutschland vertrieben, könnten genannt werden. Eine Gesellschaft, die kein oben und unten mehr kennt, wurde in Aussicht gestellt, ein eigener deutscher Weg sollte dazu entwickelt werden; Sozialdemokraten wurden dafür zwangsvereinigt instrumentalisiert. Kaum war das durchgesetzt, war statt vom eigenen deutschen Weg vom sowjetischen Vorbild die Rede, wurde die SED zur „Partei neuen Typs" erklärt und die Sozialdemokraten konsequent gebrandmarkt und verfolgt – auch die, die in die SED gegangen waren.

Der bald erkennbare Abstand zum Westen sollte überwunden werden; an die Stelle versprochener Arbeitserleichterungen traten verschärfte Arbeitsbedingungen. Die Bevölkerung, die, wie Ulbricht selbst, am westdeutschen Maßstab orientiert und der die Einheit Deutschlands in Aussicht gestellt war, vermochte den Kurswechsel zu einem schärferen Wind nicht nachzuvollziehen. Der 17. Juni 1953 grub sich als Demonstration kommunistischer Macht sowjetischen Typs in das politische Gedächtnis. Aber die Hoffnungen auf bessere Zeiten erholten sich wieder. War da nicht auch die sogenannte Geheimrede Chruschtschows gewesen, die mit dem sta-linistischen Unterdrückungsapparat abrechnete? War das nicht das Signal, daß das sowjetische „Modell" sich am eigenen Schopfe aus dem Sumpf ziehen wollte? Und war die kleine DDR nicht meilenweit vom stalinistischen Terror entfernt geblieben? Die Konfrontation des kalten Krieges half mit, einen Wettbewerb, ein ostdeutsches Wir-Gefühl zu entwickeln. Der von Panzern hergestellten Friedhofsruhe entwuchsen neue Anstrengungen – aber natürlich auch die unvermeidlichen Anpassungen an die nun offene, kaum noch zu leugnende Repression. Es begann der Weg in die Nischengesellschaft.

Die ökonomischen Anstrengungen wurden von der massenhaften Abwanderung über die offene Grenze konterkariert. Wer noch nicht geflohen war, sah sich plötzlich eingemauert. Selbst die Mauer spendete manchem Intellektuellen noch schwachen Trost: Wenn jetzt die Ausreden von der Abwanderung wie die von der schädlichen westlichen Infiltration nicht mehr gelten können, mußte die SED sich doch stärker dem Druck des Volkes auf Annäherung zwischen den Idealen und der Wirklichkeit stellen. Literatur und Kulturpolitik wurden zum Seismographen dieser Hoffnungen. Was konnte gesagt, geschrieben werden? Jeder suchte nach dem Satz bei Franz Führmann und Stephan Hermlin, nach dem Buch von Christa Wolf, die die Verwirklichung der Ideale einklagten. Dann die Hoffnung aus dem Westen: Passierscheine, menschliche Erleichterungen. Die Mauer würde nicht bleiben, wie sie war. West und Ost verloren sich nicht aus den Augen. Mitten dahinein platzte der Prager Frühling und sein jähes Ende.

1968 wurde das Jahr der politischen Spaltung der DDR-Gesellschaft. Die Beteiligung der DDR an der Niederschlagung des Pager Frühlings bedeutet für viele das Ende dieser Hoffnungen. Sozialismus mit menschlichem Antlitz war danach nicht mehr zu erwarten. Das war nun klargestellt. Ob in der privaten Nische oder an Universitäten oder im Schriftstellerverband: Es gab fortan diejenigen, die den Glauben verloren hatten, und diejenigen, die entschlossen waren, gegen alle Zeichen der Vergeblichkeit, am Glauben an die paradiesische Zukunft festzuhalten. 1968 ist ein Schicksalsjahr für die deutsch-deutsche Auseinanderentwicklung. Meine Altersgenossen in Westdeutschland erlebten einen Aufbruch zu neuen Ufern und Perspektiven, veranstalteten eine zumindest kulturelle Revolte mit vielen Folgen, die hier nicht zu diskutieren sind. Die Erfahrung war auf jeden Fall: Wer sich einmischt, kann was ändern. Dieselbe Generation erlebte in der DDR das genaue Gegenteil. Mit der Sowjetunion Sozialismus lernen, heißt ihn niemals zu erreichen. Einmischung war nicht nur gefährlich – manche hätten sich gern in der Gefahr bewährt –, sie war vor allem aussichtslos.

Aber bald gab es neue Hoffnungsillusionen. Honecker löste Ulbricht ab. Es ging wieder aufwärts. Man konnte wieder glauben – an demnächst bessere Zeiten. Die Entspannungspolitik wurde trotz Prag fortgeführt. Willy Brandt stand für jene im Westen, die Politik machten für uns eingemauerte Ostdeutsche, die für sich selber keine Politik machen konnten. Im „Neuen Deutschland" wurde die Schlußakte von Helsinki abgedruckt, einschließlich des Korb III über die Verwirklichung der Menschenrechte – eine Berufungsinstanz schwarz auf weiß.

Der nächste Akt war die Ausbürgerung Wolf Biermanns. Woher jetzt noch Hoffnung nehmen? Die westdeutsche Deutschlandpolitik öffnete Wege, die DDR trotz Mauer zu verlassen. Immer mehr Menschen machten davon Gebrauch, auch Prominente und Identifikationsfiguren, auch Freunde, von denen man gehofft hatte, auf sie zählen zu können, wenn der politische Wind sich dreht. Die Kirche im Sozialismus entwickelte sich zu einem Stachel im System, aber auch hier lichteten sich die Reihen. Viele wurden von der Staatsmacht zur Ausreise gedrängt, um es milde auszudrücken, andere hatten einfach keine widerständige Kraft mehr und gingen von selbst.

Viele blieben – aus Solidarität (um nicht selbst die schmerzliche Lücke zu reißen, die man bei jedem Verlust von Freunden, Familienmitgliedern, Mitstreitern selbst empfand), aus Trotz, in vager Hoffnung: Vielleicht brachte der innerdeutsche Handel und der Westbesuch wenigstens materielle Erleichterungen, vielleicht mußte Erich Honecker doch Helmut Schmidt neue Zugeständnisse machen, die uns in der DDR politische Bewegungsmöglichkeiten öffneten? Vielleicht strahlte das polnische Beispiel auf die DDR aus? Vielleicht waren Frieden und Abrüstung die neuen Themen, Einfallstore für politische Betätigung? Vielleicht hat manchen aber auch die Angst vor der atomaren Katastrophe gelähmt.

Tatsächlich war die Friedensbewegung ein neuer Versuch der Emanzipation. „Schwerter zu Pflugscharen" – das war ein neues Symbol, die Herrschenden mit ihren eigenen Parolen zu schlagen. Diese von der SED schwer zu konternde Friedensbewegung wurde in den achtziger Jahren zur Quelle einer kleinen systemkritischen, organisierten Opposition. Die letzte Hoffnung vor dem Ende hieß Gorbatschow. Erhard Eppler und die SPD-Grundwertekommission brachten zusätzlichen Aufruhr. Auch sie bedienten sich der Notwendigkeit, um des Friedens willen über die Systemgrenzen hinweg zusammenzuwirken. Als das Streitpapier fertig war, stand es im „Neuen Deutschland". In der SED brach eine ungeahnte Diskussionswut aus. Perestroika war das Schutzschild für die

Aktiven, war die Hoffnung der Stillen im Lande; selbst in der SED wirkte sie ansteckend. Kurt Hager übernahm es, diese letzte Hoffnung zu zerstören, als er nicht die Wohnung neu tapezieren wollte, „bloß weil es der Nachbar tut".

Der westliche Blick übersieht allzu leicht diese lange Abfolge von Hoffnungen und Enttäuschungen. Der Gewinner des Systemwettbewerbs kann rückblickend nicht mehr begreifen, daß auf der Verliererseite ehrenwerte Motive, anständige Verhaltensweisen und bis fast zuletzt noch kleine Hoffnungen existierten. Der ostdeutsche Blick schämt sich dieser Hoffnungen heute vielleicht, ist vom Zweifel beherrscht: Hätte man es nicht besser wissen können, die Hoffnung nicht früher fahren lassen müssen? Aber sie ist ja auch nicht auf einen Schlag verschwunden, sondern allmählich, fast unmerklich geringer geworden, bis die Hoffnungslosigkeit in verzweifelten Mut umschlug. Man wußte vor der offensichtlichen Wahlfälschung 1989, daß Wahlergebnisse und auch die ökonomischen Bilanzen gefälscht waren, daß jede Erfolgsmeldung erlogen war. Nach Leninscher Definition war eine revolutionäre Situation eingetreten: Die unten wollten nicht mehr, die oben konnten nicht mehr. Das Ende der DDR.

Was bleibt? Ihre Bürger haben die DDR überlebt – mit ihren Prägungen, ihren Erinnerungen an Demütigungen und Hoffnungen. Manche von ihnen haben Phantomschmerzen – über den Verlust einer sozialen Verheißung. Viele sind erfolgreich im gemeinsamen deutschen Land, aber nicht wenige empfinden sich – arbeits- und eigentumslos – als Verlierer. Das ostdeutsche Selbstbewußtsein ist empfindlich und labil, die Sehnsucht nach Anerkennung der eigenen Lebensleistung groß. Ein autoritäres Erbe wirkt nach, Staatsfixierung und Enttäuschbarkeit korrespondieren: Man erwartet vom Staat, von denen da oben fast alles und ist deshalb besonders schnell enttäuscht, was sich in drastischer Wahlenthaltung und Wählerwanderung niederschlägt. Die Leidenschaft für soziale Gerechtigkeit, das Gleichheitsbedürfnis sind – in westdeutschen Augen – befremdlich heftig. Ihre Lust, selbstkritisch mit der Geschichte umzugehen, hält sich in Grenzen.

Die Ex-DDR-Bürger sind voller Widersprüche und sehr verschieden, aber einfach faul und demokratieunfähig, wie jetzt ein flotter westdeutscher Beobachter schreibt, sind sie nicht. Sie möchten nicht auf ihre Vergangenheit fixiert werden und sie doch nicht zugleich verraten müssen. Sie möchten die DDR als Teil der deutschen Geschichte begreifen dürfen und die Zukunft als gemeinsames Werk aller Deutschen, an dem sie gleichberechtigt mitwirken können.

Als Nachgeborener auf dem Ettersberg

Rede anläßlich des Besuchs der Gedenkstätte Buchenwald am 24. Oktober 1999

„Das Gedächtnis speichert nicht nur Ereignisse, es vergißt sie auch. Dies ist eines seiner Verdienste wie auch eine seiner Gefahren. Im Laufe der Jahrhunderte erwächst die Identität eines Volkes aus den Erinnerungen, denen es sich stellt, die es pflegt oder vergißt – ja sogar verdrängt." (Lionel Jospin, französischer Premierminister, auf dem Kolloquium „Historische Erinnerung und Identität", Genshagen 25. September 1999)

Die Nationale Mahn- und Gedenkstätte Buchenwald, die Arbeit an ihrer Neukonzeption, die jetzt abgeschlossen in den verschiedenen Ausstellungsteilen anzuschauen und nachzuvollziehen ist, die heute schließlich neu eröffnete Ausstellung zur Geschichte der Gedenkstätte Buchenwald seit 1945 – handeln genau davon: von unserer deutschen Identität am Ende dieses kurzen, entsetzlichen, widersprüchlichen Jahrhunderts. Und sie handelt davon genau am richtigen Ort, auf dem Ettersberg bei Weimar, wo die beiden großen Unrechtssysteme des 20. Jahrhunderts – Nationalsozialismus und Stalinismus – furchtbare Spuren hinterlassen haben.

Diese Tatsache wirft wie nirgendwo sonst in vergleichbar irritierender Weise – ich verweise auf Jorge Semprius Buch „Was für ein schöner Sonntag" – die „Frage nach gerechter Erinnerung" auf. So hat Volkhard Knigge die Aufgabe formuliert. Denn weder sollen und dürfen Fanatismus und Stalinismus gleichgesetzt werden noch gehen ihre Spuren ineinander auf, noch dürfen ihre Taten und ihre Opfer einander gegengerechnet werden. Es ging darum, weder die nationalsozialistischen Verbrechen zu relativieren noch das stalinistische Unrecht zu bagatellisieren. Wie schwer diese historisch-moralische Aufgabe zu verwirklichen, mit welchen Zumutungen sie verbunden war, das haben die vielen, heftigen Auseinandersetzungen um die Gedenkstätte und die Akteure ihrer Neukonzeption in den vergangenen acht Jahren bewiesen. Es ging, es geht eben nicht bloß um akademische Fragen historiographischer Objektivität, sondern um unsere geschichtlich-moralische Identität, um die Biographien, in die unser Erinnern und unser ja besonderes Betroffen- und Gegenwärtigsein verwickelt sind.

Darf ich meine eigene, ganz persönliche Geschichte als Nachgeborener mit Buchenwald erzählen?

Es war 1950, wenn ich mich recht erinnere, daß ich als Sechsjähriger – für ein paar Wochen in einem Kindererholungsheim auf dem Ettersberg – zum ersten Mal im KZ Buchenwald war, das damals, wie ich heute weiß, gerade frisch verlassen von den Häftlingen des Speziallagers zur Besichtigung freigegeben war. Ich erinnere mich an unendlich viele dunkle, häßliche Baracken und an mein Gefühl der Beklemmung und Angst.

1958 war ich das zweite Mal hier – mit meiner Schulklasse aus Eisfeld. Es gehörte zum Erholungsprogramm der DDR-Schulen in Thüringen, daß die 8. Klassen nach Buchenwald fuhren – ich will die antifaschistische Intention, die da gemeint war, auch im nachhinein nicht kritisieren. „Nacht unter Wölfen" – den Roman von Bruno Apitz oder den Film haben alle Schüler in der DDR gelesen oder gesehen.

Zum dritten Mal war ich 1962 mit meiner Abiturklasse hier. Das Lager hatte sich geändert, nur noch wenige Baracken waren vorhanden, dafür ein Mahnmal, ein Museum und ein Kinosaal – nach deren Besichtigung und dem Ansehen eines Films über die KZ-Grausamkeiten ging man in eine neue Gaststätte und verzehrte Bockwurst oder Schnitzel...

Perfektionierung, Ritualisierung, Instrumentalisierung der Erinnerung – ich habe sie als junger Mensch erfahren und mich dagegen zu wehren versucht, gegen die Verwandlung einer Geschichte unsäglichen Leidens in eine Geschichte des Sieges, gegen ihre Instrumentalisierung zu apologetischen Zwecken.

Als ich von 1962 bis 1964 als Lehrling in Weimar gelebt habe, bin ich mehrere Male auf den Ettersberg gefahren, habe allein oder mit Freunden von der Evangelischen und Katholischen Studentengemeinde die KZ-Gedenkstätte besucht, um ein persönliches, intellektuelles wie emotionales Verhältnis zum Geschehenen zu gewinnen. Wir standen vor der Zelle von Paul Schneider oder dem Todesort von Ernst Thälmann und versuchten Vergegenwärtigung von Leiden und Widerstand, versuchten „Erinnerungsarbeit" (wie man das später nennen sollte), ganz freiwillig und aus eigenem Antrieb heraus und in Ablehnung eines verordneten, autoritären Antifaschismus, um seine ursprüngliche, authentische Intention wiederzugewinnen und festzuhalten. Denn die fanden wir tradierenswert, die sollte Teil unserer Identität werden und wurde es so vielleicht.

Das Zurechtstutzen des Schwerbegreiflichen zu ein paar Lehrformeln über den Faschismus, die Verdrängung und Tabuisierung anderer Teile der Geschichte, das Verbot jedweden Vergleichs von Nazismus und Kommunismus, die fast vollständige Entpersönlichung des Verhältnisses zur Geschichte – dagegen opponierten wir und suchten nach anderer Anschauung, anderem Verständnis; deshalb wurden Bücher von Christa Wolf, Fred Wender, Franz Fuhrmann, Filme von Konrad Wolf, Michael Romm, Jefin Khmow für uns so wichtig.

Diese Erfahrung habe ich im Kopf und im Herzen, wenn ich heute in Buchenwald bin, wenn ich unsere gegenwärtigen Debatten erlebe. Denn um das gemeinsame Erinnern an das Geschehene hat es in den vergangenen Monaten und Jahren im gemeinsamen Deutschland, in der deutschen Öffentlichkeit eine intensive Debatte gegeben. Ich will auf die Art und Weise dieser Auseinandersetzungen nicht eingehen, insbesondere nicht über Stilfragen urteilen. Der Walser-Bubis-Streit war ja nur ein Teil davon. Wichtiger und zukunftsweisender scheint mir die Feststellung, daß diese Diskussion notwendig und nützlich ist. Wenn ich sie richtig wahrgenommen habe, hat diese Debatte deutlich gemacht, daß wir derzeit in Politik und Gesellschaft in einem Generationenwechsel stehen.

Vieles von dem, was zuletzt kontrovers erörtert wurde, hängt wohl zusammen mit dem Aufeinandertreffen unterschiedlicher Erfahrungen und Sichtweisen: Zur Generation derer, die die Schrecken des Nationalsozialismus aus eigenem Erleben, aus schlimmsten Erfahrungen kennen, und der Generation der Töchter und Söhne der Opfer und Täter, treten die jüngeren Generationen, denen das Ausmaß des Grauens, die Mechanismen der Ausgrenzung, die menschenverachtende Brutalität der Täter, die Ignoranz oder Gleichgültigkeit der Masse und vor allem das unermeßliche Leid der Opfer nur über historisches, also vermitteltes Wissen zugänglich gemacht werden kann. Die Frage dieser Vermittlung müssen wir deshalb über fünf Jahrzehnte nach der Befreiung von Buchenwald neu diskutieren. Die Debatte hat gezeigt, daß veränderte und erweiterte Zugänge zum Geschehenen notwendig sind. Wir brauchen den gesellschaftlichen Diskurs über das richtige Maß, die angemessenen Formen des Erinnerns. Volkhard Knigge nennt es „gerechtes Erinnern", das so schwer zu finden, zu vermitteln, durchzuhalten ist, weil wir Deutschen uns ja einer doppelt belastenden Vergangenheit stellen müssen.

Das richtige Maß, die angemessene Form zu finden, verlangt nach einer Prüfung in zweierlei Richtung: Was ist dem entsetzlich Geschehenen angemessen? Was ist für Gegenwart und Zukunft richtig? Ein Zuviel kann ebenso problematisch sein wie erst recht ein Zuwenig. „Darf man nicht wissen wollen?" – So hat Thomas Mann gefragt und nach 1945 mit einem entschiedenen Nein geantwortet. Und dieses Nein gilt bis heute für alle Demokraten. Halten wir daran fest: Verpflichtende Erinnerung, Ein-Gedenken der Leiden der Opfer, Übernahme der geschichtlichen Verantwortung – das war das moralische Fundament, das gehörte zur raison d'etre der neubegründeten deutschen Demokratie, der Bundesrepublik Deutschland. Der antifaschistische Impuls gehörte auch zur Gründung der DDR.

Es gibt keine kollektive Schuld, gewiß, aber das heißt nicht, daß die Katastrophe von 1933 bis 1945 im kollektiven Gedächtnis der Deutschen je getilgt werden dürfte. In ihm muß vielmehr unser fester Wille aufbewahrt sein, nie wieder eine solche schreckliche Diktatur, in welcher Form auch immer, zuzulassen. Es ist deswegen die Aufgabe der jetzigen wie der künftigen Generationen, durch die Übernahme der politischen Haftung Verantwortung für die Vergangenheit zu übernehmen und das Bewußtsein für die von einem deutschen Staat begangene Unmenschlichkeit wachzuhalten. Die Vergegenwärtigung der Vergangenheit darf deswegen keine lästige Trauer sein und schon gar nicht in formeller Ritualisierung er-

starren, so wenig Erinnerung gänzlich ohne Riten aus-
kommt.

Gerade wegen dieser gemeinsamen Grundüberzeugung gilt es, uns in Gesellschaft und Politik über die Art
und Weise des Erinnerns und Gedenkens immer neu zu
verständigen. Ich will in diesem Zusammenhang auf
zwei problematische Erfahrungen hinweisen. Zum einen: Historische Aufklärung ist notwendig, ja soll und
kann politisches Bewußtsein schaffen und das Geschehene in Erinnerung rufen. Daß sie auch zur Trauer um
die Toten, zur Empathie mit den Opfern führt, dessen
können wir nicht mehr so sicher sein. Zur Dialektik der
Aufklärung – das wissen wir inzwischen – gehört eben
auch, daß sie als einseitige, gar bloß rationale ihr Gegenteil bewirken kann, nämlich die Kälte der Verdrängung.
Insofern darf gerade in der Annäherung an die nationalsozialistischen Verbrechen nicht versäumt werden, das
Entsetzliche so zu vermitteln, daß es auch mit dem Herzen erfahren und begriffen wird. Insofern auch ist Gedenken immer mehr als aufgeklärtes Wissen, so sehr dieses Gedenken immer auch und neu des Anstoßes durch
historisch-bestimmte Erinnerung bedarf.

Zugleich aber gilt es, den jungen Menschen historisches Wissen und emotionale Betroffenheit so zu vermitteln, daß sie eine Beziehung zur Gegenwart, also
gegenwärtige moralische Sensibilität und politische Verantwortung ermöglichen. Betroffenheit, die bloß ratlos
macht, Wissen, das folgenlos bleibt – solcherart Ergebnisse von Erinnerungsarbeit sind nicht menschengemäß
und sind gesellschaftlich wirkungslos. Die Gefährdungen der Demokratie, die Mechanismen von Stigmatisie-
rung und Ausgrenzung, die Ursachen, Erscheinungsfor-
men und Wirkungen von Intoleranz und Rassenwahn zu
begreifen und mit diesem Wissen und Empfinden die

Gegenwart beobachten und in ihr zu handeln, darum geht es. Was damals Juden, Sinti und Roma, Behinderte, Homosexuelle, politische Gegner waren, das können heute andere Personen und Gruppen sein, die durch Stigmatisierungsprozesse ausgegrenzt werden.

Eine zweite problematische Erfahrung aus der DDR habe ich eingangs geschildert. Gedenken darf niemals verordnetes, gar zwanghaftes Erinnern sein. Dies hat der staatlich angeordnete Antifaschismus uns nachdrücklich vor Augen geführt. Aus einem ehedem authentischen und glaubwürdigen Antifaschismus wurde ein ideologisches Herrschaftsinstrument zur moralischen Legitimierung der SED-Diktatur. So wurden Gedenken und Erinnerung an die nationalsozialistischen Verbrechen von vielen zunehmend als autoritär und formelhaft empfunden und waren von problematischer Wirkung. Die Erfolge der Rechtsextremisten gerade in ostdeutschen Ländern sind ein spätes Echo solch unfreier Erinnerung.

Wenn wir diese widersprüchlichen Erfahrungen ernst nehmen, dann können wir mit aufmerksamer Gelassenheit feststellen: Jede Generation hat das Recht und die Pflicht, ihre eigene Form des Gedenkens zu entwickeln. Sie muß sich dem Geschehen auf ihre Art und Weise stellen, ihren eigenen Zugang suchen und finden. Nur so halten wir unser kollektives Gedächtnis in einer Weise lebendig, die für jüngere und ältere, für Angehörige der Erlebnisgeneration wie ihre Kinder und Kindeskinder einen gemeinsamen Horizont des Verstehens und zugleich eine Basis des Gesprächs über das Geschehene bietet. Ich halte es im übrigen für ein Zeichen der Stärke unserer parlamentarischen Demokratie, daß wir über diese Fragen so intensiv debattieren. Es ist ein Stück Selbstaufklärung der Gesellschaft, wenn sie öffentlich darüber diskutiert, wie sie mit der Vergangenheit, mit der Erinnerung an die Zeiten der Inhumanität und Menschenverachtung, der Diskriminierung und des Genozids, umgehen kann und will. Gerade deswegen ist die Kontroverse um ein Holocaust-Denkmal in Berlin von solchem Gewicht gewesen und gerade deshalb gehörte diese Debatte auch in unser Parlament.

Es ist gut, daß der Deutsche Bundestag eine Entscheidung für das Denkmal getroffen hat – als eine seiner letzten Handlungen in Bonn vor dem Umzug nach Berlin; es ist eine Entscheidung gegen eine „Berliner Republik" im fatalen Sinn des Wortes, wenn wir mitten in das Zentrum der Hauptstadt, mitten in das Parlaments- und Regierungsviertel das Gedenken an die entsetzlichste Untat der Deutschen plazieren.

Ich teile nicht die Sorge, in der Errichtung des Holocaust-Denkmals manifestierten sich „Tendenzen, das Gedenken mehr und mehr zu symbolisieren und zu ritualisieren". Natürlich besteht immer die Gefahr, daß sich – und sei es nur aus Hilflosigkeit – „Entlastungsriten" (Loewy) herausbilden. Es ist aber weder beabsichtigt noch zu befürchten, daß die „symbolischen" Orte die „authentischen" ersetzen sollen oder könnten. Es wäre meines Erachtens daher auch unsinnig, in nachgereichten Diskussionen solche falschen Alternativen aufzubauen.

In unserer Erinnerungskultur haben die Gedenkstätten wegen ihrer unüberbietbaren „Authentizität" eine ganz wichtige aber keine ausschließliche Aufgabe zu erfüllen. Das dichte Netz der Gedenkstätten macht zudem auf irritierende Weise deutlich, wie benachbart der Schrecken exekutiert wurde. Schon diese Nachbarschaft des Verbrechens ist eine wichtige Erfahrung insbesondere für die Jugendlichen. Für die Breite der Jugendbildungsarbeit, aber auch in ihren humanitären und wissenschaftlichen Funktionen spielen die Gedenkstätten eine ganz unverzichtbare Rolle.

So engagiert ich für die Errichtung des Holocaust-Denkmals war und bin, so nachdrücklich bin ich also für den Erhalt und die Pflege der Gedenkstätten an den authentischen Orten und für jegliche nur mögliche Unterstützung ihrer wichtigen Arbeit. Auch deshalb bin ich hier. Beide Plätze – authentische und symbolische Orte – haben ihre Berechtigung und müssen auf ihre besondere Weise zu einem politischen Selbstverständnis beitragen, „... in das die Tat ... und damit die Erschütterung über das Unsagbare, das den Opfern angetan worden ist, als persistierende Beunruhigung und Mahnung eingebrannt ist", wie es Jürgen Habermas ausgedrückt hat. Sie müssen beitragen zu einem politischen Selbstverständnis, das in der Erinnerung an die Diktatur, nein, an die Diktaturen, das Bewußtsein von der Kostbarkeit und Zerstörbarkeit der Demokratie wachhält.

Wo immer erinnerndes Gedenken ermöglicht wird: Es geht nicht um Inszenierungen für Gefühle. Es geht nicht um Trauer, die in ihrer Hilflosigkeit in schlichter Rührung mündet – und sich darin erschöpft, noch weniger um formelle Rituale, die abstumpfen und das Gedenken an die Opfer zur Selbstbestätigung mißbrauchen. Es geht darum, zu einer emotionalen und intellektuellen Erinnerungsarbeit herauszufordern und diese durch historische Aufklärung zu ermöglichen und zu unterstützen.

Bezogen auf das Holocaust-Mahnmal hatte und habe ich Zweifel, ob die Formensprache eines reinen Denkmals dafür ausreicht. Nicht etwa, weil ich an der Ausdruckskraft und den Ausdrucksmöglichkeiten von Kunst generelle Zweifel hätte. Wenn es ein Medium gibt, das uns aufrütteln, uns öffnen und das Unfaßbare sinnlich erahnen lassen kann, dann ist es sicher die Kunst. In der Literatur, der Musik und der Malerei gibt es dafür viele erschütternde Beispiele. – Nein, meine Sorge war, daß man ohne Unterstützung durch ein historisch-bestimmtes Erinnern der sinnlichen Wucht ausweicht, verzagen und sich verschließen könnte, damit das kleine Selbst nicht verletzt werde. Ein Denkmal, das weh tut, braucht die kommunikative Hinführung und Auseinandersetzungsmöglichkeit; denn eine Betroffenheit, die ängstigt und bloß ratlos macht, bleibt für den Einzelnen und für die Gesellschaft ohne Folgen. Ich denke daher, daß der beschlossene „Ort der Information" ein wenig von diesen Sorgen auffängt.

Bezogen auf die Gedenkstätten an den authentischen Orten stellen sich dieselben Fragen, um mit Salomon Korn zu sprechen: „Auch am authentischen Ort sprechen die Steine nicht von selbst, sondern müssen erst zum Sprechen gebracht werden." Ich weiß, wie verdienstvoll die Verantwortlichen und die einzelnen Museumspädagogen sich hier in Buchenwald auch bei den Einzelführungen und in der Arbeit mit Jugendlichen genau um diese Probleme kümmern, – daß sie helfen, zu hören, was die Steine erzählen. Es gehört zu ihrer alltäglichen professionellen Erfahrung, historisch-bestimmtes Erinnern und Gedenken zu ermöglichen und in eine sinnvolle Balance zu bringen. Ich bin davon überzeugt, daß diese Arbeit für unsere Erinnerungs- und Gedenkkultur – auch und gerade mit Blick auf die nachgeborenen Generationen – eine eminente Bedeutung haben wird.

Ich bin im übrigen nicht so pessimistisch was die nachwachsenden Generationen angeht. Die Besucherzahlen dieser Gedenkstätte belegen das. Auch wenn die Nachunskommenden ihre eigenen Formen des Gedenkens entwickeln werden, die womöglich unseren Kategorien nicht immer entsprechen: Haben wir Grund zu der Annahme, daß sie weniger verletzbar wären, weniger Gefühle hätten als wir oder daß wir begabter wären für Trauer und Empathie? Authentische Erfahrungen haben nur die, die der Hölle entronnen sind. Wir anderen sind auf Vermittlung angewiesen, auf Imagination und auf unsere Kraft und Bereitschaft, daß wir uns auf den Schmerz einlassen und lernen, ihn zu ertragen.

Bei Heinrich Heine heißt es: „… nur der verwandte Schmerz entlockt uns die Träne …"

Festsetzung der staatlichen Teilfinanzierung der Parteien für 1999

Die CDU muß über 41 Millionen DM an den Bund zurückerstatten.
Erklärung vor der Bundespressekonferenz am 15. Februar 2000 in Berlin

Heute ist der Termin, zu dem ich als mittelverwaltende Behörde für das Parteiengesetz die staatliche Teilfinanzierung der Parteien für das Jahr 1999 endgültig festzusetzen und die erste Abschlagszahlung auf die im Jahr 2000 zu gewährenden Mittel festzulegen und anzuweisen habe.

Angesichts der Vorgänge in der CDU hielt ich es für angemessen, diese Frist voll auszunutzen und genauestens und wiederholt zu prüfen, welche Konsequenzen das Parteiengesetz vorsieht. Ich habe dabei nicht nur den in der Verwaltung des Deutschen Bundestages vorhandenen, sondern auch externen juristischen Sachverstand zu Rate gezogen, zuletzt noch einmal während einer ausführlichen Beratung am gestrigen Montag (es handelt sich hierbei um Professor Hans Hugo Klein, Professor Hans-Peter Schneider und Professor Horst Sendler). Das erschien mir auch deshalb nötig, da bestimmte Vorschriften des Parteiengesetzes erstmalig angewandt werden müssen. Ein Ergebnis dieser Beratungen ist, daß das Parteiengesetz dem Bundestagspräsidenten hinsichtlich der Festsetzung der staatlichen Teilfinanzierung für das vorausgehende Jahr keinen Ermessensspielraum läßt.

Ich habe folgende Entscheidungen getroffen:

1. Die CDU hat für 1998 – innerhalb der vorgesehenen Frist – keinen den Vorschriften des Parteiengesetzes entsprechenden Rechenschaftsbericht vorgelegt und verliert damit den Anspruch auf den Teil der staatlichen Finanzierung für 1999, der auf Spenden und Beiträge bezogen ist. Das waren für 1999 genau 41.347.887,42 DM. Die CDU schuldet diesen Betrag dem Bund.

   Diese Entscheidung folgt zwingend aus den §§ 19 Abs. 4 und 23 Abs. 4 des Parteiengesetzes. Ermessensspielräume bestehen hier nicht. Der Rechenschaftsbericht der CDU hat einen Vermögensbestand von etwa 18 Millionen DM des Landesverbands Hessen nicht ausgewiesen und war damit vorschriftswidrig. Weil der Bundesvorstand der CDU gesetzlich für den Rechenschaftsbericht auch aller Landesverbände verantwortlich ist, konnte die Frage der unmittelbaren Verursachung dieses Rechtsverstoßes keine Rolle spielen.

2. Gemäß § 20 des Parteiengesetzes bildet die Festsetzung für 1999 die Berechnungsgrundlage für den ersten Abschlag für 2000. Er darf nicht mehr als 25 Prozent der Festsetzung für 1999 betragen. Festgesetzt sind für den Bundesverband (entsprechend der Wählerstimmen für die CDU) 21.999.402,13 DM. Demzufolge beträgt der Abschlag für die CDU 5.499.850,53 DM.

3. In § 19 Abs. 4 Satz 4 des Parteiengesetzes ist zwingend vorgeschrieben, daß Abschlagszahlungen mit Rückforderungen zu verrechnen sind. Wegen der bestehenden Rückforderung kann der Abschlag daher nicht ausgezahlt werden, verringert jedoch die Rückforderung um den entsprechenden Betrag. Den verbleibenden und zurückzufordernden Restbetrag von

35.848.036,89 DM muß die CDU bis zum 20. März 2000 erstatten oder eventuelle Stundungsgründe geltend machen. Deren Berechtigung wird nach Maßgabe der Bundeshaushaltsordnung geprüft werden. Gemäß Art. 21 des Grundgesetzes kann damit die mit ihrer Wettbewerbsposition zusammenhängende finanzielle Situation der CDU bei der Abwicklung der Rückforderung berücksichtigt werden. Dazu sei mir folgender Hinweis erlaubt: Der von der Hessischen CDU aus dem Ausland zurückgeführte Vermögensbestand macht ungefähr den Betrag aus, welcher der CDU bei gesetzesentsprechender Rechenschaftslegung als erste Abschlagszahlung 2000 zur Verfügung gestanden hätte.

4. Mit der heutigen Entscheidung ist aus der Sicht des Parteiengesetzes die Angelegenheit für die CDU nicht erledigt. Zum einen sind die Bewertungen früherer Rechenschaftsberichte nicht abgeschlossen, weil Sachverhalte, die möglicherweise gegen das Transparenzgebot verstoßen, zum Teil noch nicht aufgeklärt sind. Entsprechende von meiner Behörde mit Schreiben vom 14. Januar gestellte Fragen an den Parteivorstand der CDU sind bislang noch nicht vollständig beantwortet. Zum anderen stehen auch die auf den Rechenschaftsbericht 1998 bezogenen Entscheidungen unter dem Vorbehalt, daß die laufenden staatsanwaltschaftlichen Verfahren bzw. der 1. Untersuchungsausschuß des Deutschen Bundestages neue Erkenntnisse zu Tage fördern können.

5. In diesem Zusammenhang liegt die Frage nahe, ob frühere Bewilligungsbescheide über staatliche Mittel an die CDU aufgehoben werden müssen, weil sie Jahr für Jahr den in das Ausland verbrachten Vermögensbestand des Landesverbandes Hessen nicht ausgewiesen

haben. Das werde ich zu prüfen haben. Dabei werden allgemeine rechtsstaatliche Kriterien wie die Vermeidung von Mehrfachsanktionen und das Übermaßverbot ebenso eine Rolle spielen wie das Verfassungsgebot der Verhältnismäßigkeit.

6. Der Betrag, der von der CDU jetzt zurückgeführt werden muß, kommt den anderen Parteien zugute. Auch das ergibt sich aus dem Parteiengesetz. Da damit gerechnet werden muß, daß Rechtsmittel eingelegt werden, werden die auf die Parteien entfallenden zusätzlichen Anteile noch nicht ausgezahlt, bis die Festsetzung der staatlichen Teilfinanzierung der CDU für das Jahr 1999 rechtskräftig ist.

Ich sollte an dieser Stelle noch darauf hinweisen, daß das Parteiengesetz nicht vorsieht, einen derartigen Rückerstattungsbetrag an gemeinnützige Organisationen weiterzuleiten. Das ist nur für illegale Spenden vorgesehen, die von einer Partei unzulässigerweise angenommen worden und an das Präsidium des Deutschen Bundestages zurückzuerstatten sind.

Erlauben Sie mir zum Schluß eine persönliche Bemerkung: Vor dem Gesetz sind alle Menschen gleich. Auch das Parteiengesetz gilt für alle Parteien gleichermaßen. Es hat auch Vorrang vor Ehrenworten, insbesondere wenn sie sich auf ungesetzliche Tatbestände beziehen. Anerkennung von rechtsstaatlichen Regeln, Respekt vor dem Gesetz und Rechtsvertrauen sind die Grundlagen unserer rechtsstaatlichen Demokratie. Erst wenn dies alles nicht mehr funktionierte, dann hätten wir eine Krise unserer Demokratie.

Ich erinnere noch einmal daran: Die Demokratie geht gerade nicht davon aus, daß sich alle Menschen jederzeit korrekt verhalten. Auch deshalb hat sie den Absolutismus und die Diktaturen abgelöst: damit Kontrolle und

Begrenzung der politischen Macht möglich werden. Auch deshalb gibt es diese Regeln, einschließlich des in der Verfassung verankerten Transparenzgebotes. Dieses Gebot ist eine der Voraussetzungen für die Kontrolle politischer Macht.

Indem ich mich bei meiner Entscheidung strikt an das Parteiengesetz gehalten und mich um eine verfassungskonforme Auslegung bemüht habe, hoffe ich, das Rechtsvertrauen der Bürger zu bestätigen und zu bestärken.

Ein großes Kapitel des deutschen Parlamentarismus

Rede zum 10. Jahrestag der ersten freien Wahl zur Volkskammer der DDR im Deutschen Bundestag am 17. März 1990

Die Wahl zur 10. Volkskammer der DDR am 18. März 1990 unterschied sich grundlegend von allen neun Wahlen zuvor. Nicht ein Block, sondern 24 Parteien bewarben sich um 400 Sitze in der Volkskammer: Deren Verteilung wurde den Wählerinnen und Wählern überlassen und stand nicht schon vor der Abgabe des ersten Stimmzettels fest. Die Bedingungen, unter denen die Wahl stattfand, waren im revolutionären Herbst 1989 der SED abgetrotzt worden, womit die Revolution auf den Boden der geltenden Verfassung gestellt wurde.

So hatte die neunte Volkskammer freie politische Meinungsäußerung und -bildung am 5. Februar 1990 legalisiert und die Bildung politischer Vereinigungen und Parteien ermöglicht. Sofort standen demokratische Grundsatzfragen zur Debatte: etwa, ob das Parlament der DDR, die Volkskammer, den zentralen Runden Tisch ablösen solle oder ob diese direkte, aber informelle Form von Demokratie der repräsentativen, parlamentarischen Demokratie vorzuziehen sei, sie nicht wenigstens ergänzen solle.

Die Bürgerbewegung stritt leidenschaftlich, ob der Schritt von der Bewegung zur Parteigründung getan werden solle, ob die fordernde Protestbewegung selbst nach der Macht zur Gestaltung der Gesellschaft greifen sollte. Das Volk indessen drängte auf Entscheidungen, wollte eine neue entscheidungsfähige Regierung. So bezeichnet der 18. März 1990 das Ende des revolutionären Aufbruchs und in einer seiner entscheidenden Forderungen seinen Erfolg: die Durchführung freier, geheimer Wahlen.

Die erste frei gewählte Volkskammer der DDR hat in ihrer zweiten Sitzung am 12. April 1990 einer gemeinsamen Erklärung aller Fraktionen zugestimmt, mit der sie Verantwortung übernimmt für die deutsche Geschichte. Die Parlamentarier der DDR haben sich „im Namen der Bürgerinnen und Bürger" der DDR bekannt zur „Mitverantwortung für Demütigung, Vertreibung und Ermordung jüdischer Frauen, Männer und Kinder" und „die Juden in aller Welt um Verzeihung" gebeten. Das war vierzig Jahre überfällig. Sie haben den Bürgerinnen und Bürgern der Sowjetunion für „Ermutigung und Anregung" bei der „Umgestaltung" der DDR gedankt und die Hoffnung auf eine Partnerschaft in Frieden in Erinnerung an die Leiden des Zweiten Weltkriegs geäußert. Die Abgeordneten der Volkskammer haben die Komplizenschaft der DDR am Unrecht des Einmarsches gegen den Prager Frühling bedauert und wollten aus unfreiwilliger Bruderschaft des Ostblocks möglichst rasch freiwillige und umso freundschaftlichere Beziehungen zu den Völkern Osteuropas aufbauen. Diese Erklärung war 21 Jahre überfällig gewesen. Die Übernahme historischer Verantwortung war Zeugnis von historischem Bewußtsein, das die SED bei allem Bemühen nicht hatte auslöschen können.

Der 18. März ist jedoch nicht nur das Datum der ersten freien Wahl zur Volkskammer, sondern auch der Zugeständnisse des preußischen Königs Friedrich Wilhelm IV. an die Märzrevolution 1848. So wie der 9. November ein Datum mit mehreren historischen Bezügen ist, so liegen auch am 18. März mehrere Lagen deutscher

Geschichte übereinander. Am 18. März 1848 hatte der König die Zensur aufheben, den Vereinigten Landtag früher einberufen und eine Verfassungsreform ankündigen müssen, weil die protestierenden Massen den Druck auf ihn immer weiter erhöht hatten. Das geschah natürlich in Berlin vor dem Stadtschloss, an dessen Stelle sich heute noch der Plenarsaal der ehemaligen Volkskammer der DDR befindet. Die Märzrevolution von 1848 war nicht erfolgreich. Die erste freie Volkskammerwahl am 18. März 1990 war gewissermaßen die Vollendung des Freiheits- und schließlich auch des Einheitsstrebens der Deutschen.

Der Erfolg der friedlichen Revolution in der DDR hat viele Väter und Mütter. Es kann nicht oft genug davon berichtet werden: die Charta '77 im heutigen Tschechien, die Solidarność und der runde Tisch in Polen, die ungarische Regierung, die den eisernen Vorhang öffnete, die Zehntausende, die ihre Ausreise aus der DDR über Prag und Budapest erzwangen, die Hunderttausende, die daraufhin Honecker und Krenz mit dem Ruf unter Druck setzen konnten: Wir bleiben hier!; die vielen kleinen, oft konspirativen Gruppen, die von der Friedens- und der Ökologiebewegung inspiriert den Weg zur grundsätzlichen Ablehnung des real-existierenden Sozialismus fanden und so intellektuell den Boden für die Revolution und für ihre Gewaltlosigkeit bereiteten, schließlich die Sowjetunion, die die alte wie neue SED-Spitze wissen ließ, sie werde die DDR nicht mit Gewalt gegen deren Bürgerinnen und Bürger am Leben erhalten.

Der Tag der ersten freien Volkskammerwahl markiert einen wichtigen Wendepunkt dieser Revolution in mindestens zweierlei Hinsicht: Er beendete die revolutionäre Phase und eröffnete die parlamentarische. Aus Bewegungen waren Parteien geworden, aus einfachen Bürgern wurden Parlamentarierinnen und Parlamentarier, Ministerinnen und Staatssekretäre. Innerhalb wie außerhalb der DDR war zunächst freundlich herablassend, später hämischer und aggressiver von der „Laienspielschar" die Rede. Das mag vom hohen Ross derjenigen, die seit Jahrzehnten Berufspolitiker waren und professionelle Beobachter von Berufspolitikern, zutreffend beobachtet gewesen sein. Aber was anderes sollten wir sein? Vierzig Jahre lang gab es die Möglichkeit der freien, öffentlichen Rede nicht; vierzig Jahre war jede öffentliche Kontroverse unterdrückt worden; vierzig Jahre lang konnte Verantwortung für das Ganze allenfalls auf Weisung von oben, aber nie aus eigenem Antrieb und vor allem nie mit selbst gesteckten und persönlich zu verantwortenden Zielen übernommen werden.

Allen Männern und Frauen, die es trotzdem wagten, sich den Aufgaben eines parlamentarischen Mandats zu stellen, muß gerade im Rückblick für ihren Mut und ihre Verantwortungsbereitschaft gedankt werden. Nicht wenige haben ihre finanzielle Existenz letztendlich nicht nur aufs Spiel gesetzt, sondern mußten später völlig neu anfangen. Das bürgerliche Leben, die Arbeitswelt, in die sie zurückzukehren hatten, waren nicht mehr dieselben, die sie im Dienste des neuen Aufbruches verlassen hatten.

Der Deutsche Bundestag hat allen Anlaß, Ihnen, meinen sehr verehrten Kolleginnen und Kollegen aus der 10. Volkskammer, der einzig frei gewählten, für Ihren Mut, Ihre zivile Gesinnung, Ihren Einsatz und für Ihr Vorbild zu danken!

Ein zweiter, wesentlicher Wendepunkt ist mit diesem Wahltag, mit diesem 18. März 1990 verbunden: Er war zur demokratischen Legitimation für die deutsche Einheit geworden. In einem Punkt nämlich ist das Wahlergebnis eindeutig gewesen: Die überwältigende Mehrheit der Stimmen war auf Parteien und Personen gefallen, die sich im Wahlkampf die deutsche Einheit zum Ziel gesetzt hatten. Lothar de Maizière, der von den Wählern den Auftrag zur Regierungsbildung erhalten hatte, beteiligte konsequenterweise möglichst viele Parteien, die die Einheit wollten, an seiner Regierungskoalition.

Spätestens der Wahlkampf hatte jedem Kandidaten und jeder Kandidatin gezeigt: Der Souverän war nicht interessiert an einem weiteren politischen Experiment; den Souverän interessierte kein Aufruf „Für unser Land!", der Souverän ignorierte die Wünsche derer, die am 4. November 1989 für eine neue DDR geworben hatten. Es ging in den Debatten nur noch einer Minderheit um die Frage „Einheit – ja oder nein"; die Mehrheit stritt allenfalls noch über das Tempo. Der Souverän in der DDR hatte am 18. März mit übergroßer Mehrheit die Einheit gewählt. Alles andere ist Legende.

Es hat überhaupt keinen Zweck, diese Entscheidung der Wählerinnen und Wähler mit deren vermeintlichen oder tatsächlichen Motiven zu denunzieren. Der Wunsch nach Wohlstand ist ein ebenso legitimes Motiv wie der nach Reisefreiheit, nach Meinungsfreiheit, nach politischen und individuellen Grundrechten.

Am 4. November 1999 konnte man in Berlin am Alexanderplatz den Spruch „Wir waren das Volk" lesen. Damit sollte an die große Demonstration von 1989 an derselben Stelle erinnert werden. Diese Demonstration war wichtig und beeindruckend. Es hatten eine halbe Million oder sogar mehr Menschen daran teilgenommen. Dort waren viele, die „Wir sind das Volk" gerufen hatten. Aber das Volk hat sich erst am 18. März entschieden. Und Parlamentarier hatten die Entscheidung des Souveräns nicht zu kritisieren, sondern anzunehmen.

Ich kritisiere meinerseits auch jenen Spruch vom vergangenen Herbst nicht, weil er in irgendeiner Weise unzulässig wäre. Im Gegenteil: bietet er doch Anlaß zu mancher Assoziation und Reflexion. Nur waren die Demonstranten vom 4. November 1989 nicht das Volk, sondern lediglich ein bescheidener Teil davon. Das Volk in der DDR aber ist seit dem 18. März und erst seit dem 18. März in einer Weise politischer Souverän, wie es das Volk seit der Machtergreifung der Nationalsozialisten 1933 nicht mehr sein durfte und es macht in gehörig unkalkulierbarer Weise bis heute bei Wahlen Gebrauch davon. Auch das ist der Fortschritt des 18. März 1990.

Die Anziehungskraft des westdeutschen Parteiensystems hat sich damals bewiesen. Auch das ist unterschiedlich bewertet worden. Dieses angeblich dem Osten fremde, weil ursprünglich westdeutsche Parteiensystem ist aber in Wirklichkeit nach den Brüchen der deutschen Geschichte des zu Ende gehenden Jahrhunderts immer noch erkennbar verwandt mit den Parteien der Weimarer Verfassung: die Bürgerlichen und die Nationalliberalen, die Christlichen (damals Katholischen) und Konservativen, die Sozialdemokraten trugen die Weimarer Demokratie, bis die einen sich Hitler geschlagen gaben – oder gar andienten – und die anderen ab 1933 zerschlagen wurden.

Die großen Richtungen haben sich in Westdeutschland in neuen Formationen wiedergefunden und bis heute alle Neugründungen überlebt und ausgehalten. Neu war, an die Stelle konfessioneller und ständischer Zersplitterung die große christlich-konservative Volkspartei zu setzen und die Sozialdemokratie von der Arbeiter- zur Volkspartei zu wandeln. Gleichwohl gibt es weiterhin die Liberalen, und es gibt die Grünen mit ihrem Hintergrund. Und die PDS natürlich, deren historische Vorgängerin die Weimarer Demokratie mit geprägt, aber nicht mitgetragen hatte. Offenbar ist es dieses Parteiensystem, das bis heute die demokratischen Strömungen Deutschlands zu integrieren im Stande ist.

Wenn ich diese grobe Linie zeichne und auf die eigentlich notwendigen Differenzierungen verzichte, dann aus dem einen Grund: Es ist meines Erachtens nicht zutreffend zu behaupten, 1990 hätten die Ostdeutschen sich ein fremdes, für sie traditionsloses Parteiensystem an den Hals gewählt, sondern sie haben den 1933 verlorenen, abgeschnittenen Faden wieder aufgenommen – gewiß nicht ohne den Einfluss der westdeutschen Parteien, aber doch nicht einfach und allein als deren Produkt!

Später haben die Ostdeutschen spezifische Modifizierungen vorgenommen. Jeder weiß, welche der Parteien in den ostdeutschen Ländern ums Überleben kämpfen muß und welche ostdeutsche Partei in den westdeutschen Ländern nur marginale Zustimmung erfährt. Auch diese Bemerkung will keine politologische Analyse liefern, sondern auf den Umstand hinweisen, daß die deutsche Einheit, daß der ostdeutsche Souverän unser Parteiensystem verändert und regional ausdifferenziert hat. Ostdeutschland hat mit der ersten freien Wahl keineswegs seine Gestaltungsmacht aufgegeben, sondern die ostdeutschen Wählerinnen und Wähler gestalten die Politik im vereinten Deutschland auf unübersehbare Weise mit.

Die Idee, nach diesem 18. März unabhängig von der Notwendigkeit, lediglich eine ausreichende Mehrheit in der Volkskammer zu organisieren, eine möglichst große Große Koalition zu bilden, findet ihre Entsprechung in einer Forderung, die gerade in Ostdeutschland bis heute lebendig ist: „Arbeitet in den großen politischen Fragen zusammen und nicht ständig nur gegeneinander" und „Gebt es zu, wenn ihr zusammenarbeitet und verbergt es nicht hinter einem Nebel aus taktischer Polemik".

Es ist gut, daß der Deutsche Bundestag in grundlegenden Fragen zu gemeinsamen Lösungen fähig ist. Trotzdem möchte ich angesichts dieser Skepsis gegenüber demokratischem Streit sagen: Dieser Streit ist notwendig, dieser Streit unterscheidet Demokratie von Diktatur, dieser Streit macht die Unterschiede zwischen den Parteien und damit die demokratischen Alternativen deutlich. Und daß wir auch in Ostdeutschland die Wahl haben, das ist der Gewinn des 18. März 1990.

Heute, zehn Jahre nach der ersten freien Volkskammerwahl in der DDR, stehen die Parteien aus aktuellem Anlaß in der Kritik. Diese Kritik hat ihre Berechtigung, aber sie bereitet auch Sorge. Was bedeutet es, wenn in einem demokratischen Staat, in einer demokratischen Gesellschaft der „Rückzug der Parteien" gefordert wird? Ohne dieser noch zu führenden Debatte vorzugreifen, scheint es mir wichtig, folgendes festzuhalten: Es ist nicht dasselbe, ob in einem Parlament, in einer Regierung, in einer öffentlich-rechtlichen Anstalt, die eine oder die andere Partei die Mehrheit hat, sondern es fallen dann andere Entscheidungen – in der Sache wie auch personeller Natur.

Ich mache darauf aufmerksam, um einer allgemeinen Anti-Parteienhaltung zu widersprechen. Transparenz für die Wähler ist eher gewährleistet, wenn eine Gruppierung sich programmatisch äußert und entwickelt als bei angeblich Unabhängigen, die weder ihre Finanzen noch ihre Absichten vor einer Wahl offen legen müssen. Der Vorteil sich erkennbar unterscheidender Parteien sollte nicht einer aktuellen Enttäuschung oder einer aktuellen Empörung geopfert werden.

Der Rahmen unseres Handelns hier im gesamtdeutschen Bundestag ist der des Grundgesetzes. Der Konsens der Demokraten besteht darin, diesen Rahmen nach bestem Wissen und Gewissen zu respektieren und auszufüllen. Darin sind sich die hier vertretenen Abgeordneten gleich. Auf dieser Basis vertreten sie unterschiedliche Auffassungen und repräsentieren tatsächlich vorhandene Richtungen und Meinungen der Bevölkerung, als Teile des Ganzen, für ihren Wahlkreis, für die politische Richtung, mit der sie übereinstimmen. Für diesen Teil, für diese Partei.

Die Demokratie ist mühsam. Sie ist nicht immer einfach, sie ist nur gelegentlich unterhaltsam und kurzweilig. Sie begnügt sich nicht damit, daß wir etwas meinen und bald darüber abstimmen. Demokratie will möglichst viele hören, bevor sie entscheidet. Demokratie setzt auf das vorgetragene Argument, das gesprochene Wort und nicht nur auf die Schlagzeile. Sie setzt vor die Beteiligung das Zuhören und das Mitwirken. Demokratie kann es nicht allen Recht machen, aber sie schenkt auch denen Gehör, die anderes wollen als die jeweilige Mehrheit.

Und die Demokratie geht gerade nicht davon aus, daß es irgendwo dort oben die besseren Menschen gibt, die schon alles richtig machen werden. Im Gegenteil: Demokratie nimmt die Menschen, wie sie sind und setzt deswegen auf Kontrolle, auf kritische Öffentlichkeit, verleiht deswegen politische Macht nur für bestimmte, kurze Zeit. Sie hat Regeln für den Machtwechsel. Deswegen ist die Demokratie allen anderen Staatsformen vorzuziehen. Deswegen ist der 10. Jahrestag einer ersten freien Parlamentswahl ein freudiger Tag.

Mit dieser Wahl am 18. März 1990 hat sich Ostdeutschland nicht nur für die parlamentarische Demokratie und für die deutsche Einheit entschieden. Die Entscheidung setzte an die Stelle einer Staatsführung, die sich diktatorisch-patriarchalisch für alles verantwortlich machte, einen Staat, der Teil der Gesellschaft ist, der nicht von oben alles zu bestimmen trachtet, sondern der durch Strukturen und Definitionen bei weitem nicht für alles verantwortlich sein darf, was in der Gesellschaft geschieht.

Daran haben sich noch nicht alle gewöhnen können. Der demokratische Staat teilt sich die Macht in der Gesellschaft mit anderen, die Macht und Einfluß haben: Verbände, Tarifparteien, Kirchen. Der demokratische Staat ist nicht verantwortlich für Preise und Löhne, nicht für Erfolg oder Mißerfolg des einzelnen. Begrenzung der Macht und Begrenzung staatlicher Zuständigkeit sind Bedingungen persönlicher Freiheit.

Am 18. März 1990 wurde die Möglichkeit des Staates, jeden einzelnen jederzeit zu gängeln und zu manipulieren abgewählt. Der Staat in seiner Allmacht wurde vom Sockel geholt und zur Sache der Bürger gemacht. Das geschah am 18. März in Ostdeutschland, und wir sollten niemandem erlauben, das wieder rückgängig zu machen.

Die Demokratie dient der Würde und der Freiheit des einzelnen. Damit sie diesen Zweck erfüllt, bedürfen wir alle der Toleranz gegenüber Andersdenkenden. Toleranz aber ist keine gemütliche Tugend. Toleranz bedeutet nicht Beliebigkeit. Die Propagandisten der Intoleranz dürfen nicht toleriert werden, sonst würde Toleranz ihr eigenes Selbstmordkommando. Deshalb möchte ich an diesem 10. Jahrestag der freien Volkskammerwahl die Bürgerinnen und Bürger bitten, ihre Kritik, ihren Mut, ihre Aufmerksamkeit nicht allein dafür zu verwenden, die Politik zu kontrollieren – das ist nötig, aber nicht ausreichend – sondern auch Intoleranz und Gewalt in der

Gesellschaft abzuwehren. Der Staat, die Gesetze, die Polizei und die Justiz stehen ihnen als Werkzeuge gegen Rassismus, Ausländerhass, Rechtsextremismus und Gewalt, als Werkzeuge für Toleranz und gegen Intoleranz zur Verfügung.

Die freie Volkskammer des Jahres 1990 hat nur sechs Monate getagt. Aber sie hat ein gutes, ein großes Kapitel in der Geschichte des deutschen Parlamentarismus geschrieben.

Die große Spannweite des Widerstands

Ansprache anläßlich der Gedenkveranstaltung zum „20. Juli 1944", Berlin 2000

Wir gedenken heute der Männer und Frauen des 20. Juli wie aller Frauen und Männer des Widerstandes gegen die menschenverachtende Diktatur des Nationalsozialismus. Seit 1952 wird dieser Gedenktag begangen – fast vierzig Jahre lang nur in der alten Bundesrepublik Deutschland, seit 1990 gemeinsam im vereinigten Deutschland.

Zehn Jahre nach der Vollendung der deutschen Einheit stehen wir vor der Frage, was wir Deutschen in Ost und West vom 20. Juli mitnehmen in das neue Jahrhundert. Was gilt es zu bewahren und in eigenes Handeln umzusetzen? Was können wir folgern aus jenen gegensätzlichen Deutungstraditionen, die der Widerstand gegen Hitler in den Jahrzehnten der Teilung erfahren hat?

Gustav Heinemann hat vor Jahrzehnten zum 20. Juli an ein berühmtes Wort von Jean Jaures erinnert: „Tradition bedeutet nicht, Asche zu bewahren, sondern eine Flamme am Brennen zu erhalten." Die Asche der ermordeten Männer und Frauen des 20. Juli wurde von den haßerfüllten Nationalsozialisten in alle Winde verstreut. Wie aber gelingt es, im neuen Jahrhundert jene Flamme am Brennen zu erhalten, die Männer und Frauen des 20. Juli angezündet haben?

Nun, zunächst dadurch, daß wir uns der Tat des 20. Juli erinnern und ihrer Motive – und daran, wofür sie von den einen wie den anderen in Ost und West in Anspruch genommen oder ignoriert worden ist. Ideologisch motivierte Vereinnahmungsversuche hat es – als Ausdruck des deutsch-deutschen Systemkonflikts – schließlich auf beiden Seiten gegeben.

Allerdings wurde in den ersten Jahren nach 1945 auch im Osten Deutschlands der 20. Juli 1944 ganz selbstverständlich zum antifaschistischen Widerstand gerechnet. Dies änderte sich nach Gründung der DDR. Von da an zählte ausschließlich der von der Arbeiterschaft getragene kommunistische Widerstand. Wenn vom 20. Juli die Rede war, dann meist von den sogenannten „Junkern, Militaristen und Reaktionären", die das Attentat durchführten, weil sie als unverbesserliche Kapitalisten und Imperialisten um eigene Pfründe bangten.

Diese Umdeutung der geschichtlichen Fakten spiegelt jene Erfahrung, die nicht wenige ältere Ostdeutsche gemacht haben: Aus dem ursprünglich ehrlichen, ernst gemeinten Antifaschismus wurde ein ideologisches Herrschaftsinstrument zur Machtsicherung der SED. Die DDR als Staat gewordene Fortführung des Kampfes gegen den Faschismus und als Siegerin der Geschichte – trotz einiger Korrekturen bei der Bewertung des 20. Juli in der DDR-Geschichtsschreibung der achtziger Jahre war dies die offizielle Haltung, so lange es die DDR gab.

Diese einseitige Sicht kann man, muß man kritisieren – ohne dabei allerdings im Westen allzu sehr in Selbstgerechtigkeit zu verfallen. Hier haben die Vertreter eher konservativer Geschichtsschreibung und Politik den 20. Juli lange Zeit ebenfalls recht einseitig interpretiert. Graf Schenk von Stauffenberg und seine Verbündeten wurden – ausdrücklich und ausschließlich – zu Repräsentanten des anderen, besseren Deutschlands erklärt. Sie – und nur sie – hätten gegen den größenwahnsinnigen Diktator Hitler die Ideale von Rechtsstaat, Freiheit und

Menschenwürde verteidigen wollen. Diese Auffassung ist zu undifferenziert.

Der Widerstand gegen Hitler begann, wie Willy Brandt es formuliert hat, keineswegs erst mit dem 20. Juli 1944. Deshalb gilt es, uns die Gesamtheit und Kontinuität dieses Widerstandes vor Augen zu führen. Widerstand gegen Hitler – das waren Offiziere und Adelige ebenso wie Vertreter der Kirchen und der Gewerkschaften, das waren Sozialdemokraten, Liberale, Konservative und Kommunisten. Und diese Aufzählung kann keinesfalls Vollständigkeit beanspruchen. Roman Herzog hat es so formuliert: „Sie kamen aus allen Schichten unseres Volkes, aus allen politischen Lagern und aus allen weltanschaulichen Gruppierungen, aus allen Altersschichten und so sind sie, so gering sie der Zahl nach waren, doch wenigstens ihrer Herkunft nach für ihr Volk repräsentativ gewesen."

Widerstand gegen Hitler leistete der „Kreisauer Kreis" ebenso wie die „Weiße Rose", das „Nationalkomitee Freies Deutschland" und der „Bund Deutscher Offiziere"; der einsame Attentäter Georg Elser wie der Kardinal von Galen und Dietrich Bonhoeffer, Julius Leber wie Fritz Jacob oder auch die Mitglieder der „Roten Kapelle". Widerstand gegen Hitler – das war der Aufstand im Warschauer Ghetto ebenso wie der Kampf gegen den Diktator durch jene, die sich ausländischen Widerstandsbewegungen angeschlossen haben. In jüngster Zeit ist endlich auch wieder die Bedeutung des Exils stärker in den Blick gerückt.

Widerstand – so hat uns die neuere Alltags-, Sozial- und Mentalitätsgeschichte deutlich gemacht – umfaßt eine große Spannweite menschlichen Handelns. Er beginnt nicht erst mit Bombenattentaten gegen inhumane Diktatoren, sondern setzt bereits mit kleinen Gesten der

Verweigerung ein. Ein heimlich zugestecktes Stück Brot für eine Zwangsarbeiterin, die Nichtbeachtung propagandistischer Anordnungen im Schulunterricht, der Widerspruch von Nachbarn, der den Abtransport eines geistig Behinderten durch die SS vereitelt – das alles gehört in den Zusammenhang des Widerstandes gegen die nationalsozialistische Gewaltherrschaft. Natürlich darf der Unterschied zwischen passivem Verweigern und aktivem Widersetzen bis hin zum Versuch eines Staatsstreichs nicht aus dem Blick geraten. Wenn jedoch nur der 20. Juli gewürdigt und andere Widerstandsformen ignoriert werden, verschwimmt die Bedeutung, die dem alltäglichen Widerstand – übrigens auch dem gegen aktuelle Gefährdungen unserer Demokratie – zukommt.

Ein umfassender Begriff von Widerstand ist eine wichtige Konsequenz aus dem Rückblick auf mehr als ein halbes Jahrhundert Gedenken an den 20. Juli 1944. Um nicht nur Asche zu verwahren, sondern die Flamme am Leben zu erhalten, gilt es jedoch vor allem, die richtigen Lehren zu ziehen – und sie in unser Handeln umzusetzen. Dazu reicht bloßes Erinnern nicht aus. Erinnerung kann historisches Geschehen ins Gedächtnis rufen. Erst Gedenken lässt Empathie entstehen.

Einfühlung in die Situation der handelnden Menschen ist der Schlüssel für ein umfassendes, gegenwartsbezogenes Gedenken. Gerade weil immer weniger unter uns sind, die aus jener Zeit authentisch berichten können, brauchen wir neue Formen der Vermittlung, um insbesondere die jüngeren Generationen zu erreichen. Ob es die Beschäftigung mit Filmen oder Theaterstücken über den deutschen Widerstand ist, die Auseinandersetzung mit Tagebüchern und Biographien, Projektarbeit oder Gedenkstättenbesuche – hier eröffnet sich für Schule, Universität, politische Bildungsarbeit und übrigens auch für gemeinsame Lektüre und Diskussion in der Familie ein weites und immer wichtigeres Feld.

Gedenken darf vor allem nicht abstrakt bleiben. Es muß konkretisiert, individualisiert, mit Einfühlung und Erfahrung erfüllt werden. Hierfür ist die Beschäftigung mit dem Handeln wie den Motiven der einzelnen Männer und Frauen des Widerstandes unverzichtbar. Nur wenn wir uns ihr Leben und Handeln in der konkreten Bedrohungssituation des NS-Staates vor Augen führen, können wir ermessen, wie viel sie riskiert und wofür sie ihr Leben geopfert haben. Und nur diese, durch Empathie vermittelte Einsicht befähigt dazu, die richtigen Schlußfolgerungen zu ziehen.

Ich greife nur ein Beispiel, einen Menschen heraus. Kurz vor dem Kriegsende, am 23. April 1945 wurden hier in Berlin aus dem Gefängnis in der Lehrter Straße 14 Mitglieder des Widerstandes von der SS aus den Zellen geholt. Man erklärte ihnen, daß sie verlegt werden sollten. Die Gefangenen wurden aus dem Gefängnis ins Freie geführt. Sie hörten schon den Gefechtslärm um Berlin, als sie alle durch Genickschuß getötet wurden.

Unter den Ermordeten war Albrecht Haushofer – ein Berliner Professor für politische Geographie. In seinen Händen hielt der Ermordete ein Bündel Papiere – Gedichte, wie sich herausstellte. Unter diesen „Moabiter Sonetten", die Albrecht Haushofer während seiner Haft verfaßt hatte, findet sich das Gedicht „Schuld". In ihm tritt das Vermächtnis des Widerstandes gegen Hitler für unsere Zeit besonders eindrucksvoll hervor:

(...) schuldig bin ich anders als ihr denkt,
ich mußte früher meine Pflicht erkennen,
ich mußte schärfer Unheil nennen –
mein Urteil habe ich zu lang gelenkt.

Albrecht Haushofer, der den Widerstand gegen Hitler mit seinem Leben bezahlt hat, spricht hier jene Aufforderung aus, die für jeden, der des 20. Juli 1944 ernsthaft und wahrhaftig gedenkt, zum Leitgedanken wird:

Erkenne früher deine Pflicht!
Nenne Unheil schärfer beim Namen!
Lass dein Urteil nicht wider besseres Wissen lenken!
Und vor allem: Wehre den Anfängen!

Totalitäre Systeme, Diktaturen entstehen nicht über Nacht. Wenn sie die Macht erst einmal in Händen halten und Konzentrationslager bauen, sind sie nur noch schwer zu besiegen. Diktatoren muß man, wenn irgend möglich, schon Widerstand leisten, bevor sie die Macht an sich gerissen haben. Die Männer und Frauen des 20. Juli sind in bewundernswerter Entschlossenheit einer fast allmächtigen Diktatur entgegengetreten.

Auch in der Demokratie bedarf es der Zivilcourage, um extremistischen Tendenzen – seien sie linker oder rechter Provenienz – zu widersprechen und zu widerstehen. Gleichwohl ist bürgerschaftliches Engagement heute ungleich einfacher als in der allgegenwärtigen NS-Diktatur. Wer dort Widerstand leistete, in welcher Form auch immer, riskierte Gefängnis, KZ und Tod – und zudem noch Sippenhaft für Frau, Kinder, Verwandte.

In der freiheitlichen Demokratie ist das – zum Glück – anders. Dennoch ist Wachsamkeit gegenüber neuen Gefahren keineswegs überflüssig geworden. Im Gegenteil darf beim Rückblick auf den 20. Juli niemals vergessen werden, daß falsche Sicherheit, Fehleinschätzung der Gefahren, Verharmlosung einer bereits erahnten Bedrohung Hitlers Machtergreifung erst ermöglicht hat. Max Frischs „Biedermann und die Brandstifter" ist ein eindrucksvolles Lehrstück über die Folgen des Selbstbetrugs eines Bürgertums, das die Bedrohung durch den Faschismus einfach nicht wahr haben will und den Brandstifter schließlich auch noch die Streichhölzer zur Verfügung stellt.

Gefordert ist also Mut zum Widerspruch, die Bereitschaft, schon den Anfängen neuer extremistischer Tendenzen entgegenzutreten. Sie zeigen sich derzeit vor allem im rechtsradikalen Milieu. Wenn in unserem Land Menschen zu Tode gehetzt werden, weil sie eine andere Hautfarbe haben oder aus anderen Teilen der Welt stammen, dann ist allerhöchste Wachsamkeit und entschiedenes Handeln gefordert. Nicht weniger gefährlich als die rechtsextremistischen Gewalttäter sind allerdings jene rechtspopulistischen Rattenfänger, die solche dumpfen Vorurteile für ihre Zwecke zu nutzen wissen. Um diesen Bedrohungen unserer Demokratie frühzeitig entgegen zu wirken, bedarf es des Einsatzes möglichst vieler Mitglieder der Zivilgesellschaft.

Hierfür gilt es, insbesondere der jungen Generation jene Zeichen zu verdeutlichen, an denen menschenverachtendes Denken und Handeln bereits im Ansatz zu erkennen sind: das subtile Schüren von Haß und Vorurteilen, die unterschwellige Verächtlichmachung von einzelnen Menschen, Fremden zumeist, die Schändung von Synagogen und Gräbern, die Ausgrenzung Andersdenkender oder Andersglaubender, die Brutalisierung der Sprache und schließlich des Handelns.

Diese politische und moralische Sensibilität zu bewahren, sie immer neu zu entwickeln – dazu verpflichtet uns das Gedenken an die Männer und Frauen des 20. Juli. Was uns heute und morgen untrennbar mit dem 20. Juli verbindet, bleibt die radikale Ablehnung von Totalitarismus und Unrecht. Hier liegt das Vermächtnis der

Männer und Frauen des 20. Juli 1944 für unsere Zeit – ein Vermächtnis, das wir unter veränderten Bedingungen stets neu bestimmen müssen. Helmut Schmidt hat dies vor zwei Jahrzehnten zum 20. Juli so ausgedrückt: „Uns muß (an diesem Tag) bewußt bleiben, daß Menschenwürde und Freiheit und Recht der einzelnen Person Werte sind, auf die man sich immer wieder aufs neue zurückbesinnen muß, für die man immer aufs neue einzustehen hat, Werte, mit denen wir selbst uns innerlich identifizieren."

Aus dieser Einsicht erwächst die Verpflichtung, niemals wieder Handlungen zuzulassen, von denen uns unser Gewissen sagt, daß hier gegen elementare Menschenrechte, gegen die Menschenwürde verstoßen wird. Es darf nie wieder dazu kommen, daß sich eine schweigende Mehrheit nicht zuständig fühlt für das, was in unserem Land passiert. Es genügt nicht, Unrecht schweigend zu missbilligen. Innere Vorbehalte, stiller Protest ändern gar nichts. Die Demokratie braucht vor allem Demokraten, die sich aktiv für sie einsetzen. Und nichts schadet ihr mehr als Indifferenz und Passivität.

Bereits den Anfängen von Unfreiheit, Rechtsbruch und Menschenverachtung entschieden entgegenzutreten – das ist die Aufgabe, die uns die Tradition dieses Gedenktages mitgibt in ein neues – und hoffentlich friedlicheres, humaneres – Jahrhundert. Diese Einsicht umzusetzen in tagtägliches Handeln kann jene Flamme heller leuchten lassen, die die Männer und Frauen des 20. Juli in dunkelster Zeit angezündet haben.

Auswanderung via Fernsehen

Rede zum fünfzigjährigen Jubiläum der ARD
am 9. September 2000 in Berlin

Spätestens mit der Gründung des ZDF wurde die ARD
„das Erste", und gemeint war und ist das erste deutsche
Fernsehprogramm. Diese Eigenwerbung hat sich auf eine
Weise durchgesetzt, daß ich eine Weile überlegen mußte,
welches meine erste Begegnung mit der Arbeitsgemein-
schaft der Rundfunkanstalten Deutschlands gewesen ist.
Es waren – bei meinem Alter – natürlich Hörerlebnisse,
Radioübertragungen, eben Rundfunk.

Wir lebten in Thüringen und hatten das Ohr nach
Westen gerichtet. Es lief das Hörfunkprogramm des Hessischen Rundfunks, einer Anstalt der ARD. Für meinen
Bruder und mich – noch kleine Jungen damals – wirkte
es sich unangenehm aus, wenn der Hessische Rundfunk
Debatten aus dem Bundestag übertrug. Die Qualität war
schlecht, die DDR störte den Empfang der Westsender,
aber mein Vater war so sehr an Politik interessiert, daß
wir Kinder absolute Ruhe zu bewahren hatten, wenn
Adenauer, Lemmer, Carlo Schmid, Wehner oder Erler
sprachen. Was blieb uns also übrig, als auch selbst zuzu-
hören? Das war prägend.

Aus dieser Zeit – vermute ich – stammt meine Faszi-
nation von der politischen Rede, von der öffentlichen
Auseinandersetzung. Dann kam das Fernsehen – im
Osten etwas langsamer als im Westen. Es gab auch gute
Sendungen des Deutschen Fernsehfunks der DDR, das
Sandmännchen zum Beispiel. Aber um 20 Uhr, mit der
Fanfare und mit der Ansage „Hier ist das Erste Deutsche

Fernsehen mit der Tagesschau", waren Ost und West fortan vor den Bildschirmen vereint.

Man konnte es den Antennen auf den Dächern ansehen, wer Westfernsehen empfing. Es war ratsam, in der Schule und im Betrieb nicht über den vorausgegangenen Fernsehabend zu sprechen. Niemals habe ich vergessen, wie mein Vater, der Rechtsanwalt war, einen Mann zu verteidigen hatte, der seine Nachbarn zum Westfernsehen eingeladen hatte. Man sah gemeinsam den Mehrteiler „Soweit die Füße tragen". Er wurde ins Gefängnis gesteckt dafür. Das war in den fünfziger Jahren. Und auch das war prägend.

Das Fernsehen war auch durch Mauern nicht aufzuhalten. Nach 1961 hieß es erst recht jeden Abend: „Hier ist das Erste Deutsche Fernsehen mit der Tagesschau". Die ARD und später auch das ZDF haben einen nicht zu unterschätzenden Anteil daran, daß wir blieben, was wir waren: ein Volk. Westdeutschland blieb via Fernsehen Vorbild und Objekt der Sehnsucht, manchmal auch Objekt von Neid. Nur zu gerne hätten wir Ulbricht und Honecker einfach abgewählt. Wir wußten um den im Westen erreichten Komfort und Wohlstand, wir kannten die dort herrschenden großen und kleinen Freiheiten. Wir kannten die Politiker, die Fernsehstars, die Tatortkommissare.

Und was nicht weniger wichtig war: Funk und Fernsehen lieferten uns nicht nur ein Bild vom Westen, sondern auch das westliche Bild vom Osten – sicherlich zuweilen einseitig und verzerrt, auf jeden Fall aber ehrlicher und zutreffender als das meiste, was aus den DDR-Medien verlautete. Deshalb wanderten alle, die es konnten, Abend für Abend via Fernsehen aus. Tagesschau und Kontraste waren für uns die ernst zu nehmenden Informationsquellen; Panorama, Report, Monitor führten uns vor, was ein freier, investigativer Journalismus vermag. Wir haben uns auch gut unterhalten: „Stahlnetz" wurde genauso gesehen wie Rudi Carrell oder Hans-Joachim Kulenkampff.

Mit der Qualität des öffentlich-rechtlichen Rundfunks und Fernsehens hat es wohl auch zu tun, daß unsere ostdeutsche Kenntnis von Westdeutschland immer größer war als umgekehrt die Kenntnis der Westdeutschen von Ostdeutschland. Es war für viele seit Ende 1989 wie ein Schock zu erkennen, wie wenig die große Mehrheit der Westdeutschen über uns wußte. Nur die Menschen im Großraum Dresden mögen das gelassener gesehen haben, lebten sie – die kein Westfernsehen empfangen konnten – doch, wie wir immer sagten, im „Tal der Ahnungslosen".

Meine sehr geehrten Damen und Herren Ministerpräsidenten, Intendanten, Programmdirektoren, Journalisten, Mitarbeiter der ARD: Heute feiern Sie den 50. Geburtstag, und ich gratuliere dazu herzlich. Sie können darauf stolz sein, was Sie in diesen Jahren insbesondere der Teilung Deutschlands geleistet haben, und Sie können stolz sein darauf, was Sie – einschließlich der beiden neuen ARD-Mitglieder MDR und ORB – für die kulturelle und mentale Selbstvergewisserung und für das Grundgefühl von Zusammengehörigkeit der Deutschen leisten.

Daß Medien kräftig in unsere Wirklichkeit hinein regieren, würde niemand ernsthaft bezweifeln. Schon vor 55 Jahren hat diese Erkenntnis die Alliierten bewogen, in Deutschland besonderes Augenmerk auf den Aufbau einer freien, unabhängigen und kritischen Presse zu legen. Manipulation und Mißbrauch der Medien, wie sie die Nationalsozialisten betrieben hatten, sollten fortan unmöglich sein. Vielmehr sollten die Medien im demokratischen Prozeß eine eigene Kraft sein: unabhängige Instanz der Information, der Kritik, der Kontrolle.

Die ersten Radiosendungen nach Kriegende entstanden noch unter Aufsicht der Siegermächte. Die politische und kulturelle Erziehung zu liberaler Demokratie, zu Toleranz und Kompromiss war das Ziel, der öffentlich-rechtliche Rundfunk eines der Mittel. In einer Erklärung der Amerikaner zur Rundfunkfreiheit vom Mai 1946 heißt es, das deutsche Rundfunkwesen solle „in freier, gleicher, offener und furchtloser Weise dem ganzen Volke dienen." Aber dieses Geschenk – Rundfunk als allgemeines Kulturgut, staatsfern und föderal aufgebaut – stieß wahrlich nicht bei allen in Westdeutschland auf ungetrübte Freude. Der amerikanische Militärgouverneur Lucius D. Clay kam 1950 zu einem harten Urteil: „Die deutsche Unfähigkeit, demokratische Freiheit wirklich zu erfassen, hat sich wohl auf keinem anderen Gebiet so deutlich gezeigt. Es schien unmöglich zu sein, zu einer Gesetzgebung zu gelangen, in der die Presse der regierenden Macht nicht auf Gnade oder Ungnade ausgeliefert war."

Immer wieder flackerte solche unbelehrbare Abneigung, ja Widerstand gegen den öffentlichrechtlichen Rundfunk auf. Rund zehn Jahre später startete Konrad Adenauer einen letzten und den prominentesten Versuch, die Weichen neu zu stellen. Doch dafür war es denn doch schon zu spät. Statt dessen wurde der öffentlich-rechtliche Rundfunk mit seinem zweiten Standbein, dem ZDF, gestärkt und konnte sich fortan zwanzig Jahre ungestört entfalten.

Nicht nur in historischer Perspektive, sondern auch aus heutiger Sicht bin ich froh, daß die Westmächte der ARD den viel diskutierten „Bildungsauftrag" mitgegeben haben:

- den Auftrag, die Pluralität von Informationen und Meinungen zu garantieren, weil nur gut informierte Bürgerinnen und Bürger überzeugte Demokraten und mündige Staatsbürger sein können,
- den Auftrag, die Lebenswirklichkeit in ihrer ganzen Komplexität zu vermitteln und demokratische Grundwerte zu fördern,
- und schließlich den Auftrag, den Austausch der Meinungen zu befördern mit dem Ziel, Kompromiß und Konsens als Wesensmerkmale der Demokratie sichtbar und einsichtig zu machen.

Rundfunkpionier Hans Bredow sah 1947 die zu gründende Arbeitsgemeinschaft in der Pflicht, wie er sagte, „Höchstleistungen des deutschen Rundfunks" hervorzubringen. Freilich dieses Prädikat dürfen sich bei weitem nicht alle Produktionen des öffentlich-rechtlichen Fernsehens anheften. Aber es gab und gibt in der ARD beachtlich viele, die tatsächlich journalistische Höchstleistungen erbracht haben. Ich will nur einige Namen erinnern: Peter von Zahn, Gert von Paczensky, Thilo Koch, Peter Merseburger, Hanns-Joachim Friedrichs, Gerd Ruge, Friedrich Nowottny oder Gabi Bauer. Ich erinnere an die frühe Dokumentation „Das Dritte Reich", der Prozeß von Eberhard Fechner, an die umstrittene und heilsame Ausstrahlung des mehrteiligen Films „Holocaust", ohne die die notwendige Auseinandersetzung mit der NS-Vergangenheit nicht recht vorstellbar ist.

Unendlich würde die Aufzählung bedeutender Fernsehspiele, der früheren Straßenfeger, die die Nation vor dem Bildschirm versammelte, und der Namen von Regisseuren, Schauspielern, Autoren, die eine Tradition begründeten: die Tradition der ARD als Kulturproduzent.

Kompetenz, Seriosität und Glaubwürdigkeit sind bis heute ein Markenzeichen der ARD, vor allem ihrer

Nachrichtensendungen und Politmagazine. Den berechtigten Stolz aber trübt, wenn ich es richtig sehe, seit einigen Jahren eine Art Rechtfertigungsnot der Öffentlich-Rechtlichen. Seit die privaten Hörfunk- und Fernsehprogramme Mitte der achtziger Jahre die deutsche Medienlandschaft umgekrempelt haben, muß sich die ARD immer häufiger als biedere und antiquierte „Volkshochschule der Nation" verspotten lassen. Paßt der vor fünfzig Jahren begründete Anspruch des Ersten nicht mehr in die moderne Fernsehlandschaft?

In früheren Jahren war die Fernseh-Nation auf die wenigen öffentlich-rechtlichen Programme angewiesen. Spätestens um Mitternacht annoncierte die Nationalhymne den Sendeschluß. Wer vor dem Fernseher eingeschlafen war, wurde irgendwann in der Nacht vom Testbild geweckt. Heute senden bei uns – grob geschätzt – rund vierzig Programme rund um die Uhr. Allein die ARD strahlt neun Fernsehprogramme, 54 Hörfunkprogramme und – zusammen mit Partnern – Arte, Phoenix, 3sat und Kinderkanal aus. Die Tendenz ist steigend, obwohl man längst den Überblick verliert. Spartenprogramme, Bezahl-Fernsehen und das digitale Fernsehen werden das Medium nicht zuletzt noch unübersichtlicher machen.

Trotzdem hat sich gezeigt, daß der öffentlich-rechtliche Rundfunk, zumal die ARD, in der Zuschauergunst ganz gut mithalten kann. Gerade wo es um Information geht, sind und bleiben die Öffentlich-Rechtlichen uneinholbar. Den Privatsendern ist es nur kurzfristig gelungen, die Marktführerschaft zu erobern. Heute steht die ARD wieder auf Platz eins vor RTL und vor dem ZDF. Dennoch fehlen auf keinem Medienkongress Diskussionsforen über die Zukunft des öffentlich-rechtlichen Rundfunks. Sie entzünden sich in schöner Regelmäßigkeit an der Frage der Gebühren. Aber fragen sich wirklich so viele Zuschauer – wie behauptet wird –, warum sie für drei Programme teuer bezahlen sollen, wenn sie 33 kostenlos bekommen? Und was heißt kostenlos?

Inzwischen höre ich immer häufiger, die Werbung werde als störend empfunden. Damit kann man sogar werben: Nicht von ungefähr argumentieren die Veranstalter von Bezahl-Fernsehen damit, bei ihnen blieben den Zuschauern die Werbe-Zumutungen erspart. Die Programme von ARD und ZDF kosten Gebühren, die übrigen Programme kosten manchen Zuschauer gelegentlich allerhand Nervenkraft. Es kostet wohl auch den Verlust an Niveau. Da der Gedanke „Wer zahlt, der mahlt" immer noch gilt, hört man, daß die Buchungen der werbungtreibenden Wirtschaft mehr und mehr darüber mit entscheiden könnten, ob eine Produktion gesendet, ob eine Idee realisiert wird.

Ich will keine falsche Schwarzweißmalerei zwischen privaten und öffentlich-rechtlichen Sendern betreiben, ich bekenne mich zum dualen System, aber ich will einen markanten Unterschied hervorheben: daß nämlich die Privatsender sich für unzuständig halten für das, was das Bundesverfassungsgericht „Grundversorgung" nennt. Ohne übertriebene Verkürzung heißt das: Für Demokratie, für Aufklärung, für Information, für Meinungsvielfalt, für die Abbildung des wirklichen sozialen Lebens sind die öffentlich-rechtlichen Programme zuständig, alle übrigen widmen sich weitgehend der Unterhaltung, der Sensation – gelegentlich sehr erfolgreich. Mit der Folge, daß Pluralität in ein und demselben Programm, wenn überhaupt, dann nur vom öffentlich-rechtlichen Fernsehen wirklich verlangt wird.

Und da bin ich bei der zweiten weit verbreiteten Kritik am öffentlich-rechtlichen Rundfunk. Dem angeblichen Postenschacher und dem Parteieneinfluß in den Gremien. Aber ist es nicht der Grundgedanke der Unabhängigkeit, daß Kontrolle statt nur von einer Institution oder Person oder Firma von allen ausgeübt werden muß? Deswegen auch kann ich den Einfluss der Parteien auf die Rundfunkräte im Prinzip nicht anrüchig finden. Es versteht sich: Auswüchse müssen energisch beschnitten werden und wahrscheinlich immer wieder neu und allen Versuchen und Versuchungen, die Programmfreiheit zu beschränken, muß widerstanden werden. Aber wer wenn nicht die Parteien und die zuständigen Länderparlamente können eine Legitimation durch die Wählerinnen und Wähler vorweisen, um die Gesellschaft zu repräsentieren? Der berüchtigte Parteienproporz ist im Grunde nichts anderes als ein Spiegelbild von Mehrheitsverhältnissen und damit des Wählerwillens. Und er wird ergänzt durch die relevanten gesellschaftlichen Gruppen und die Kirchen, die ihre spezifische Sicht, ihre Interessen, ihre Moral, ihre jeweiligen Anschauungen geltend machen. Das garantiert den Pluralismus der öffentlich-rechtlichen Programme.

Die Diskussion um die Legitimation des öffentlich-rechtlichen Rundfunks wird gewiß nicht so bald zu Ende sein – zumindest hoffe ich das. Denn so lange es diese Diskussion gibt, funktioniert auch die öffentliche Kontrolle der Kontrolleure in den Fernsehräten. Wir sollten deswegen alle gemeinsam auf die Stärken dieses Systems setzen und dem Sog widerstehen, das Fernsehen allein dem Markt zu überlassen. Denn das Fernsehen, der Rundfunk – das ist ein besonderes Medium: Sein Einfluß ist immens, und er wird eher noch weiter steigen, darum setzen Sie auf Qualität! Trauen Sie dem Zuschauer etwas zu und strafen Sie ihn nicht mit der Verachtung der fortgesetzten Unterschreitung noch des niedrigsten Niveaus.

Fernsehen ist nicht nur das mit Abstand meist genutzte Medium, fernsehen ist die Freizeitbeschäftigung, der die Deutschen mit Abstand die meiste Zeit widmen. Viele Bürger beziehen ihre politischen Informationen ausschließlich über die Berichterstattung im Fernsehen. Heute verbringt ein großer Teil der Jugendlichen mehr Zeit vor dem Fernseher als in der Schule. Schon die gesellschaftliche Verantwortung gegenüber den jungen Menschen legt nahe, daß das Fernsehen anderes zu bieten haben sollte als nur Zerstreuung, die auch wichtig ist. Deshalb erscheint es mir befremdlich, wenn – so ein privater Fernsehmacher – das Programm mit einer Würstchenbude verglichen wird: bei beiden zähle nur, was in der Kasse bleibt, und die Kasse stimme nur, wenn das Produkt dem Kunden schmeckt. Das ist ein Zynismus, dem ein Medium von der Relevanz des Fernsehens nicht verfallen darf. Fernsehen muß mehr sein als Geschäftemachen. Medien sind mehr als beliebige Waren. Sie sind auch Mittler von Information, Bildung und auch von gesellschaftlichen Werten. Der Rundfunk, das Fernsehen, das ist mehr als ein Wirtschaftsgut. Es muß ein Kulturgut bleiben. Den wechselnden Wettbewerbskommissaren sei es immer neu in Erinnerung gerufen.

Demokratie gründet auf der Achtung der Menschenwürde, auf Toleranz und auf friedlicher Auseinandersetzung. Leider haben wir in Deutschland Anlaß daran zu zweifeln, daß diese Werte jungen Menschen überzeugend vermittelt werden. Wachsender Zulauf und wachsende Duldung von manifestem Rechtsextremismus unter Jugendlichen und jungen Erwachsenen – nicht nur bei ihnen – sind der traurige Beleg dafür. Um so dringlicher ist es, Demokratie in den Medien verständlich zu machen und für sie zu werben. Um so wünschenswerter ist es, daß die Medien, statt zu polarisieren, auch den Wert und die Würde des Menschen verteidigen. Um so erstrebenswerter erscheint es mir, daß die Medien die falsche Faszination durch Gewalt und Gewalttäter überwinden und ihre Aufmerksamkeit auch auf diejenigen richten, die ganz alltäglich Zivilcourage zeigen, die unsere Werte verteidigen, die die Ursachen von Gewalt suchen und zu bekämpfen helfen. Was derzeit zum Glück geschieht und kein Strohfeuer werden darf. Der WDR hat dankenswerterweise eine „langfristige und nachhaltige" Aktion gegen rechts angekündigt.

Rechtsextremistische Neigungen haben vielfältige Ursachen, und für Mängel in der Vermittlung demokratischer Werte sind selbstverständlich nicht allein und nicht zuerst die Berichterstatter verantwortlich. Aber ich will es auch hier sagen: In einer Gesellschaft, die Gewalt zum wichtigsten Gegenstand ihrer abendlichen Fernsehunterhaltung macht – in einer solchen Gesellschaft ist etwas nicht in Ordnung. Der öffentlich-rechtliche Rundfunk ist in besonderer Weise der Demokratie verpflichtet. Deshalb erlauben Sie dem Parlamentspräsidenten, nicht nur aus Überzeugung zu gratulieren, sondern auch nach der Wechselwirkung von demokratischer Politik und Fernsehen zu fragen.

Die technischen Möglichkeiten und die Reichweite der Medien sind in ungeahntem Tempo gestiegen. Kurze Einheiten, schnelle Wechsel und flotte Inhalte befördern einen oberflächlichen Fernsehkonsum ohne wirkliche Anteilnahme. Demokratie hingegen erfordert Aufmerksamkeit, Auseinandersetzung, Mitwirkung und Geduld. Und wir wissen es längst: Mehr Information führt nicht unbedingt zu mehr Informierten. Je schneller Meldungen und Bilder aus aller Welt gesendet werden können – und wegen der Konkurrenz auch gesendet werden müssen – desto eher leidet die Qualität des Journalismus: Das gilt auch im Öffentlich-Rechtlichen, wenn man Fritz Pleitgen glauben darf: „Streng genommen müßten die Verantwortlichen mancher Sendungen wegen Irreführung und Verdunklungsgefahr belangt werden."

So schonungslos darf das natürlich nur ein „Insider" formulieren. Aber auch der Zuschauer ahnt, daß vieles von dem, was gesendet wird, allenfalls die Illusion der Informiertheit verbreitet. Da gibt es – auch in der ARD – die Versuchung, im Zweifel wenigstens mitzuteilen: „Wir sind ganz dicht dran." Auch wenn es sonst nichts Neues gibt. Und zuweilen erliegt man auch hier der Versuchung zum Voyeurismus – wie jüngst geschehen nach dem Absturz der Concorde, als ARD-Reporter mangels „harter" Informationen trauernde Hinterbliebene vor die Kamera brachten. Je stärker das Fernsehen dem Konkurrenzdruck auf einem umkämpften Markt ausgeliefert ist, desto mehr muß sich auch die Politik – leider – seinen Spielregeln anpassen. Allzu oft steht nicht mehr das sachliche Argument im Vordergrund, das den frühen Radiohörer faszinierte. Allzu oft zählt nur noch, ob der politische Akteur auf dem Bildschirm „rüber kommt". Dann wird Politik zum „event", bei dem vor allem das Licht und die Bühne, die Musik und die Dekoration stimmen müssen. Selbst ich rücke inzwischen den ungeliebten Schlips gerade.

Ich zweifle, ob diese Entwicklung zwangsläufig ist. Man kann schnell und gut sein, man kann den Mut zur Lücke aufbringen und zur ausführlichen Präsentation. Was die demokratische Politik betrifft, bleibe ich dabei: Sie kann sich nur in Grenzen einfacher, spannender, unterhaltsamer präsentieren. Sie ist nun einmal nur gelegentlich kurzweilig. Das Spröde oder das Langsame der Politik ist unvermeidlich; es sei denn, wir verzichteten auf die Gewaltenteilung, auf den Föderalismus, auf das

Mehrheitsprinzip, das zugleich dem Minderheitenschutz verpflichtet ist, auf die Gleichheit vor dem Gesetz, auf rechtsstaatliche Regeln. Die Fristen und Verfahren haben ein Ziel, das doch irgendwie dem der Medien gleich ist: Transparenz. Demokratie gebietet zum Beispiel den zeitlichen Abstand zwischen erster und dritter Lesung eines Gesetzes, damit Einmischung, Prüfung, Kompromisse möglich werden. Demokratie braucht Medien, die berichten, was da im Parlament vorbereitet wird, um Einmischung, Prüfung, Kompromisse zu ermöglichen. Demokratie heißt kontrollierte Macht. Wie soll das gehen, außer durch unabhängige und pluralistische Medien, die sich auch Zeit nehmen?

Dem steht eine zunehmende Ungeduld mit der Politik gegenüber. Ein Grund dafür ist, daß die demokratischen Verfahren mit dem Tempo der Medien nicht mithalten können. Dasselbe Ziel – Transparenz – verursacht verschiedene Wirkungen. So kommt Demokratie, der Transparenz wichtiger ist als Bündigkeit und Sorgfalt wichtiger als Schnelligkeit, zuweilen in den Geruch bloßer Trägheit. Natürlich nimmt es sich vor der Kamera besser aus, politische Kontrahenten zum inszenierten Schlagabtausch einzuladen; die tatsächliche qualvolle Suche nach Problemlösungen und Kompromissen lässt sich so kaum bebildern. Dennoch – und ausdrücklich gegen den Trend zur Verkürzung und Verknappung – kann ich Politik wie Medien nur raten, riskieren Sie mehr Langsamkeit!

Denn wenn die Menschen nur noch Inszenierungen von Politik zu sehen bekommen und nur wenig über die tatsächliche politische Arbeit erfahren, dann wird die Kluft zwischen dem Bild von der Wirklichkeit und der Wirklichkeit selbst irgendwann unüberbrückbar. Wenn Politik nur noch als „Theater" aufgeführt wird, verliert sie den ihr eigenen Ernst, dann weckt sie die Illusion der Folgenlosigkeit und einer Leichtigkeit, die sie nicht hat.

Aber erstens gehören dazu zwei, sowohl das Objekt als auch das Subjekt der Berichterstattung. Und zweitens widersteht – bislang – der öffentlich-rechtliche Rundfunk noch am ehesten der Verwandlung von Information in Infotainment. Ich wünsche mir nachdrücklich, daß das so bleibt. Aber ich weiß auch: Es wäre niemandem gedient mit einem Programm, das nur noch von einigen wenigen gesehen wird. Deshalb kann nicht alles beim alten bleiben. Deshalb muß sich auch die ARD den neuen Bedingungen – bis hin zu noch mehr Sparsamkeit – stellen. Aber besinnen Sie sich dabei auf Ihre Stärken: Bleiben Sie

- regional verwurzelt
- dem Abbild des tatsächlichen sozialen Lebens verpflichtet
- pluralistisch und ausgewogen innerhalb des weiten demokratischen Meinungsspektrums
- seriös und sachlich
- arm an Werbeunterbrechungen
- mit Niveau unterhaltsam
- am Zusammenhalt der Gesellschaft orientiert
- eine kritische und kontrollierende – wie heißt es immer – „Vierte Gewalt".

Und, meine Damen und Herren, verfallen Sie nicht vollends der Quotenhörigkeit und stürzen Sie sich nicht mit dem Mut ganz unangebrachter Verzweiflung in den Abgrund des Niveauverlustes. Die sehr geehrten, lieben Ministerpräsidenten werden Niveau – selbst bei geringerer Quote – nicht mit Gebührenverweigerung bestrafen. So hoffe ich, so bin ich überzeugt.

Mir scheint, viele in der ARD wollen diesen Rat ohnehin beherzigen und ein Profil pflegen, das die ARD in

124

Qualität und Niveau von anderen unterscheidet. Deshalb kann ich der Arbeitsgemeinschaft der Rundfunkanstalten Deutschlands zum 50. Geburtstag nicht nur ein langes Leben wünschen, sondern auch hoffen, dieser Wunsch wird sich erfüllen.

Blickwechsel nach zehn Jahren Einheit

Rede im Rahmen der Reihe „Das Deutsche Politikforum" am 27. September 2000 in Berlin

Zehn Jahre hatten wir nun Zeit, die friedlich errungene deutsche Einheit zu gestalten. Wenn wir dieses Jubiläum wirklich würdigen (und nicht als puren „Verwaltungsakt" inszenieren) wollen, dann müssen wir uns in einen kritischen Dialog begeben, das Geleistete und Unterlassene erinnern, die Differenzen zwischen dem politisch wie wirtschaftlich Gewollten und dem inzwischen Erreichten beschreiben. Ohne diese Erinnerungsarbeit, ohne eine differenzierte Bestandsaufnahme blieben neue Zukunftsentwürfe blaß, spekulativ, ohne Spannung. Und Fehler würden wiederholt.

Meine persönliche Wahrnehmung der Umgestaltungsprozesse seit dem Mauerfall deckt sich – so vermute ich – in entscheidenden Punkten mit den Grunderfahrungen vieler Menschen im Osten Deutschlands.

Erstens: Die Umgestaltung war radikaler Natur, sie betraf alle, aber auch wirkliche alle Lebensbereiche, und sie vollzog sich in einem atemberaubenden Tempo. Alle Konzepte, die politische, ökonomische und soziale Integration stufenweise über einen längeren Zeitraum durchzusetzen, hatten – wir wissen es heute – keine Chance auf Realisierung. Es waren die Ostdeutschen selbst, die auf eine schnelle Einigung drängten. Der Ruf auf den späten Montagsdemonstrationen „Kommt die D-Mark nicht zu uns, dann gehen wir zu ihr!" ist mir sehr lebhaft in Erinnerung.

126

Zweitens: Die beschriebene Geschwindigkeit und Radikalität des Transformationsprozesses veränderte unmittelbar und tiefgreifend das Leben der Menschen, brachte einen neuen Wind in ihren eingeübten Alltag. Sie mußten sich neu orientieren im Beruf, im sozialen Sicherungssystem, im Rechtssystem, im Bildungssystem, im Markt. Es gibt wohl keine ostdeutsche Biographie, in die sich die deutsche Einheit nicht als Zäsur, als Chance, als Neustart oder auch als Bruch eingeschrieben hat. Transformationsleistungen waren von jedem zu erbringen, und an diese Leistungen, an die enorme Leistungsbereitschaft der Menschen darf und muß heute erinnert werden – sie verdienen unsere Anerkennung, unseren Respekt!

Daß der Aufbruch von 1989/90 ein Aufbruch nach Westen war, ist nur konsequent. Der Westen war Vorbild und Objekt ostdeutscher Sehnsucht. Wir kannten den dort erreichten Wohlstand, wir kannten die dort herrschenden großen und kleinen Freiheiten. Wie oft hatten in den Jahrzehnten der Teilung sich die allermeisten gewünscht, die zwangsweise erduldete Obrigkeit abwählen, davonjagen zu können. Ersatzweise wanderten alle, die es konnten, Abend für Abend via Fernsehen aus. Vor dem Bildschirm war die Nation vereint. Und jeder wußte oder ahnte es doch: Die westliche Welt birgt Risiken, aber damit würden wir fertig werden. Denn was wiegen die Risiken im Vergleich zu den Chancen?

Es war – seien wir auch im Rückblick ehrlich – 1989/90 verpönt, überhaupt über die Risiken zu reden. Einige in der westdeutschen SPD haben dies damals trotzdem getan. Die SPD in der DDR hat dies zweimal zu spüren bekommen: Bei den Volkskammerwahlen im März und den Bundestagswahlen im Dezember 1990 wurden die Sozialdemokraten für ihr Risikobewußtsein bestraft. Viele Menschen sahen darin einen Mangel an Überzeugung, an Begeisterung für die Einheit, ja einen Mangel an Identifikation mit den Ostdeutschen. Heute könnten wir sorgfältiger wägen. Aber manch einer glaubt bis heute, daß es Sinn macht, aus den unterschiedlichen Graden des Bekenntnisses zur deutschen Einheit politisches Kapital zu schlagen. So wird an prominenter Stelle gar die gesamte SPD des Widerstands gegen die Einheit bezichtigt. So werden zwar Mythen erzeugt, aber so werden keine Lehren aus einem schwierigen Prozeß des Wandels gezogen.

Zehn Jahre deutsche Einheit haben die Bundesrepublik verändert – den Osten wie den Westen. Der erste Staatsvertrag vom Mai 1990 mit seiner währungspolitischen Grundentscheidung gab dem Beitrittsgebiet die Entwicklungsrichtung vor und diese lautete: Angleichung, – Angleichung an die westdeutschen Produktions- und Lebensverhältnisse, Angleichung an die im Westen erprobten Standards in Wirtschaft, Politik, Sozialem, Bildung.

Die 1990 von beiden Parlamenten – dem Deutschen Bundestag und der Volkskammer – souverän getroffene Entscheidung für eine „Wiedervereinigung" versprach nachzuholen, was die Geschichte dem Osten verwehrt hatte. Für „Neuvereinigung" – also für eine gemeinsame Verfassungsgebung, eine Neuordnung der gesamten Republik – gab es ab einem bestimmten Zeitpunkt keine Mehrheit. Keine Mehrheit zum einen, weil im Westen jene fast vergessene politische Selbstverpflichtung und Solidarität gegenüber dem Osten nur durchsetzbar war, wenn man Kontinuität verhieß. Und keine Mehrheit zum anderen, weil im Osten „Wiedervereinigung" die beste Versicherung gegen die Wiederkehr der gescheiterten Vergangenheit zu sein schien.

Folglich hatten Vorstellungen Konjunktur, die sich aus dem ganzen Reservoir der westdeutschen Vor- und Erfolgsgeschichte speisten – vom „Marshall-Plan" bis zum Glauben an eine Neuauflage des „Wirtschaftswunders" nun in den ostdeutschen Ländern. Dieses für viele Bürger und manche Politiker so attraktive Leitbild „Angleichung der Lebensverhältnisse" schien auch zeitlich kalkulierbar, berechenbar zu sein: In zehn Jahren würden wir auf eigenen Füßen stehen. Der Westen hatte es uns ja vorgemacht, er hatte gezeigt, daß es möglich ist.

Doch die Wirklichkeit, der heutige Stand der Dinge belehren uns eines Schlechteren. Man muß konstatieren: Wir haben einen kritischen Punkt der Entwicklung erreicht. Das Konzept der „Wiedervereinigung" forderte auf beiden Seiten einen enormen Preis: im Westen führte es nach einer vorübergehenden Konjunktur zu einem lang anhaltenden Reformstau. Und im Osten führte es – trotz beachtlicher Transferleistungen und Investitionen, trotz einiger Erfolge – nicht zu einer wettbewerbsfähigen ökonomischen Basis, mithin zu einem Verlust von fast vier Millionen Arbeitsplätzen.

Der Verlust von zwei Dritteln der Industrie und 80 Prozent des industriellen Forschungs- und Entwicklungspotentials in wenigen Jahren stellt die schwerste Katastrophe in der ostdeutschen Wirtschaftsgeschichte dar. Weder der Erste Weltkrieg noch die Weltwirtschaftskrise noch der Zweite Weltkrieg haben zu Potentialverlusten derartigen Ausmaßes geführt. Eine der Ursachen besteht in den Schwächen der zentralistischen Planwirtschaft, die in Konfrontation mit dem Weltmarkt offenbar wurden. Sicher. Doch warum ist es in keinem der anderen Ostblockländer zu einer vergleichbaren Deindustrialisierung gekommen? Diese Diskussion steht noch aus. Den zweiten Ursachenkomplex kann ich hier nur stichpunktartig andeuten, nicht vertiefen. Ich denke hier an

- den Crashkurs beim Übergang zur Marktwirtschaft;
- an die schnelle Währungsunion, zu der es zwar keine Alternative gab, die aber dem Prinzip widersprach, daß eine starke Währung eine starke Wirtschaft voraussetzt;
- an den Verlust der Exportmärkte durch die schlagartige Aufwertung der DDR-Mark um 400 Prozent, und ich denke
- an den Einkommenstransfer von West nach Ost, dem ein Vermögenstransfer von Ost nach West zugrunde lag. *(E. Richter)*

Das Leitbild „nachholende Modernisierung" war eine Anpassungsvorgabe, nach der im Osten häufig umstandslos, manchmal geradezu zwanghaft übernommen wurde, was teilweise schon vor zehn Jahren im Westen reformbedürftig war. Denken Sie an Entwicklungen im Gesundheitswesen oder im Hochschulbereich, wo positive ostdeutsche Erfahrungen neue Lösungen in ganz Deutschland hätten befördern können.

Wenn wir den ökonomischen Kennziffern vertrauen wollen, dann haben wir nun, nach einem Jahrzehnt, die „Zwei-Drittel-Einheit" erreicht. Gemessen am Stand von 1990 wäre also die Hälfte des Weges beschritten. Eine spezielle Ostförderung halten die Wirtschaftsinstitute noch bis ins Jahr 2030 für erforderlich.

Ostdeutschland ist kein Bittsteller, sondern hat einen gesetzlich definierten Anspruch auf gleiche Lebensverhältnisse. Ostdeutschland nimmt nicht nur Fördermittel, sondern gibt auch zurück: innovative Produkte, bemerkenswerte Wachstumsinseln, Feriengebiete und sogenanntes „kulturelles Kapital". Ostdeutschland zahlt Steuern, einschließlich Solidarbeitrag, und Ostdeutschland ist ein wichtiger Absatzmarkt, über den vieles in den Westen zurückfließt, was dort aufgebracht worden war.

Den Transfers für den „Aufbau Ost" stehen Gewinne von Märkten und Vermögen gegenüber. Die im Osten diagnostizierte „Produktionslücke" in Höhe von jährlich 200 Milliarden DM verweist zugleich auf eine wirtschaftliche Nachfrage, die im Westen schätzungsweise zwei Millionen Arbeitsplätze sichert. Ein Ende der Transfers beträfe folglich Ost und West. Hier, im Osten, stünde auf dem Spiel, was bisher mühsam erreicht wurde, dort, im Westen, gäbe es neue Arbeitslosigkeit, würden die kommunalen Einnahmen sinken.

Die westliche Dominanz im Prozeß des Zusammenwachsens war keine Niederlage, die wir uns zuzuschreiben haben, sondern sie war unvermeidlich und alternativlos. Was kann man auch anderes erwarten, wenn ein ökonomisch erfolgreiches und ein gescheitertes System zusammen treffen, als daß das erfolgreiche zunächst dominiert?

Jetzt, nach zehn Jahren staatlicher Einheit, bedarf es wieder neuen politischen Mutes – für einen Blickwechsel, für ein neues, an den Zukunftsproblemen orientiertes Leitbild der ostdeutschen Entwicklung. Dem Ziel der Angleichung der Lebensverhältnisse wird sich die Politik nicht verschließen können, doch es wird künftig nicht mehr ausreichen, in allen Bereichen auf den Import von Weststandards zu setzen, allein in tradierten Modellen eine Erfolgsgarantie zu sehen.

Das in sich vielfältig differenzierte Ostdeutschland muß seinen Platz in Europa finden, seine Ressourcen und Potentiale in dieser Perspektive entwickeln. Zwei Erfahrungsvorsprünge gegenüber dem Westen können die Menschen in den neuen Ländern einbringen und fruchtbar machen: Zum einen ihre Erfahrungen aus dem zehnjährigen Umbruch- und Reformprozeß in Ostdeutschland, der ja nicht zuletzt auch mentalitätsprägend war, Aufgeschlossenheit und Flexibilität förderte. Und zum anderen ihre wirtschaftlichen und kulturellen Erfahrungen mit osteuropäischen Partnern, etwa in Polen, Tschechien, der Slowakei, den baltischen Staaten. Mecklenburg-Vorpommern, Brandenburg und Sachsen haben das voraus gesehen und ihre traditionsreichen Kontakte in Osteuropa neu begründet und neu gestaltet.

Im Zuge von Globalisierung und europäischer Einigung wird Ostdeutschland, das „Beitrittsgebiet", schon bald aus seiner heutigen Randlage in die Mitte der Europäischen Union rücken – es wird eine europäische Verbindungsregion. Daraus folgt nicht, daß Ostdeutschland, das – gemessen am Bruttoinlandsprodukt pro Kopf auf dem Niveau Kalabriens in Süditalien steht – nun automatisch auf die Gewinnerseite wechselt. Doch alle Erfahrung lehrt: Offene Märkte sind eine Chance und nicht zuerst, wie viele derer glauben, die an die grimmige Idylle der abgeschotteten DDR und des zentralistischen RGW denken, eine Gefahr.

Entsprechende Konsequenzen müssen schon jetzt gezogen werden. Denn nach der Osterweiterung der EU – das liegt doch auf der Hand – wird Ostdeutschland seine Strukturschwäche nicht länger durch Lohnkostenvorteile kompensieren können. Es wird sich auf eigene, wettbewerbsfähige und kapitalintensive Produktions- und Dienstleistungsbereiche stützen müssen.

Der Weg vom Beitrittsgebiet zur europäischen Verbindungsregion kann nur erfolgreich sein, wenn dafür die materiellen und mentalen Voraussetzungen geschaffen werden. Und das heißt auch, die Regionen für neue, für ausländische Investoren attraktiv zu machen. Mitunter klappt das schon: Das französische Engagement bei Eko in Eisenhüttenstadt und das italienische Engagement im Chemiewerk Zeitz erfolgte jeweils ausdrücklich in Vorbereitung auf die EU-Osterweiterung. Ein an Europa orientiertes Entwicklungskonzept wird also den Fokus auf die Förderung der eigenen regionalen Potentiale und deren Profilierung für eine neue europäische Arbeitsteilung legen. Ich bin sicher: Ostdeutsches Know-how für den Weg nach Europa wird weiter nachgefragt und darauf sollten wir vorbereitet sein.

Ein neuer, in den traditionellen Industrien zu beobachtender Trend ist die Ausbildung von Wachstumspolen in einzelnen Regionen, etwa zwischen Leipzig und Halle. Diese Wachstumspole werden durch sogenannte industrielle Leuchttürme geprägt, um die herum netzwerkartige Lieferverflechtungen zu Gunsten kleiner und mittlerer Unternehmen entstehen. Beispiele sind das Opelwerk in Eisenach oder das VW-Werk in Zwickau-Mosel mit ihrer jeweiligen Zulieferindustrie. Weil jedoch die Produktionszuwächse auf Basis massiver Rationalisierungen zustande kommen, fällt der Beitrag zur Beschäftigung vergleichsweise gering aus.

Ein bedeutender Teil der so rapide geschrumpften traditionellen Industrie in Ostdeutschland hält sich zudem nur dank des ständig nachfließenden ausländischen Kapitals oder dank staatlicher Zuschüsse. Von einer flächendeckend sich selbst tragenden Industrie kann auch auf mittlere Sicht nicht gesprochen werden.

Die Fragen, die sich mir nun mit Blick auf die neuen Technologien stellen, sind keineswegs rhetorischer Natur, sondern verdanken sich der Suche nach Alternativen und, wenn Sie so wollen, auch der Notwendigkeit, den geforderten Blickwechsel einzuüben. Also: Ist die „New Economy", ist die „erneuerte Ökonomie" eine ernstzunehmende wirtschaftliche Perspektive für Ostdeutschland, und welche Rolle spielen künftig die traditionellen Industrien? Wie kann, wie muß Politik die neuen Technologien fördern? Und wo sollte staatliche Steuerung ansetzen, um nicht das Primat der Politik aus der Hand zu geben und einem möglichen Abbau der sozialen Marktwirtschaft Tür und Tor zu öffnen?

Einleitend drei allgemeinere Bemerkungen – *Erstens:* Der Wandel von der Industriegesellschaft zur Informations- und Wissensgesellschaft bedeutet zunächst einmal einen Strukturwandel der Ökonomie. Wie die Wirtschaftsgeschichte weiß, verdrängt eine neue Produktionsmethode niemals die alte von heute auf morgen, quasi über Nacht. Die alte und die erneuerte Ökonomie existieren nebeneinander, sind aufeinander angewiesen, durchdringen sich. Von der Zusammenarbeit auf dem elektronischen Markt profitieren beide Seiten. Der häufig beschworene Gegensatz zwischen alter und neuer Ökonomie ist also ein konstruierter Gegensatz – die eine Welt wäre nichts ohne die andere. Gleichwohl steht Politik von vornherein in doppelter Verantwortung: Sie muß diese Verflochtenheit und die Veränderungen in der Arbeitswelt reflektieren und darf nicht einen Sektor zu Gunsten des anderen vernachlässigen.

Zweitens: Der Bundeswirtschaftsminister hat in seinem Wirtschaftsbericht auf die großen Wachstumschancen hingewiesen, die sich durch die Verschmelzung von sogenannter „alter" und erneuerter Ökonomie ergeben: Realistisch sei, daß bis zum Jahr 2010 auf Basis der neuen Informations- und Kommunikationstechniken rund 750 000 neue Arbeitsplätze entstehen. Es ist also nicht so, daß Arbeit verschwindet, daß sie weniger wird: Vielmehr wendet sich die Nachfrage neuen Produkten und Leistungen zu, die an neuen Arbeitsplätzen erbracht werden. Politik hat sich auf diese Entwicklung einzustellen.

Wenn die Anforderungen an die menschliche Arbeit steigen, dann muß Beschäftigungspolitik noch stärker als bisher bei der Qualifikation, bei Investitionen in die Vermittelbarkeit ansetzen.

Drittens: In den Berichten über Firmen aus dem New-Economy-Sektor ist immer wieder die Rede davon, daß manche überkommenen Strukturen der Industriekultur notwendig anstehende Innovationen blockieren. Die Akteure der New Economy halten dagegen mit flachen Hierarchien, Teamwork, Internationalität, mit einem hohen Maß an Verantwortung für das Firmenschicksal und mit finanzieller Beteiligung am Erfolg. Sie sind stolz auf das Engagement der Mitarbeiter, die – wie überall zu lesen steht – gerne sechzig, siebzig Stunden die Woche arbeiten, die sich in der Firma „zu Hause fühlen", sich mit ihr identifizieren, die Gehälter beziehen, von denen Facharbeiter und Ingenieure im traditionellen Sektor träumen. Betriebsräte gibt es kaum, deren Aufgaben erledigt das Personalmanagement nebenbei, und gewerkschaftliche Vertretung benötigt angeblich niemand. Die „alte Welt" scheint in vielen Berichten über die New Economy, insbesondere aus Perspektive der erfolgreichen „Garagengründer", nicht mehr als ein Störfaktor mit altertümlichen Regelwerken, nicht mehr als ein anachronistischer Urzustand zu sein, der Gottlob bald überwunden ist.

Doch ich frage mich, ob nicht auch künftig die Leitbilder der Demokratie und des modernen Staates – bürgerschaftliches Engagement, Freiheit, Chancengerechtigkeit, Solidarität – positiv aufzuhebende Schutzgüter sind, die auf längere Sicht zu vernachlässigen – im Überschwange des eigenen Erfolges, der eigenen Mächtigkeit – irreparable Folgen für den Rechtsstaat haben könnte? In dieser Frage sehe ich eine der wohl wichtigsten Herausforderungen, der sich Politik im Zeitalter von New Economy zu stellen hat. Zu diesem Thema einen gesellschaftlichen Diskurs zu starten, ist längst überfällig!

Verstehen Sie mich nicht falsch: Ich bin kein Antipode neuen Denkens oder neuer Technologien. Ich plädiere nur dafür, den Wandel in der Arbeitsgesellschaft kritisch zu begleiten und nicht allen Heilsversprechen der Ökonomie, den auf den ersten Blick vielleicht beeindruckenden Zahlen zu verfallen. Politik hat die Aufgabe, normativ für einen sozialen Ausgleich zu sorgen, die Werte der sozialen Marktwirtschaft durchzusetzen. Und da die New Economy international agiert, haben wir uns auch auf EU-Ebene über internationale Regeln der sozialen Marktwirtschaft wie über Möglichkeiten einer internationalen Verhinderung von Wettbewerbsbeschränkungen zu verständigen. Doch dies, diesen Gedanken nur nebenbei.

„New Economy" ist in Ostdeutschland kein Fremdwort mehr. Legt man die niedrige Basis des Wirtschaftswachstums zugrunde, zählt die relativ große Zahl selbständiger Unternehmen in der mittelständischen Wirtschaft, in deren Spektrum sich Neugründungen in Produktionsfeldern der New Economy konzentrieren, zweifellos zur positiven Bilanz. Die „Intershop Communications AG" kennt heute wohl ein jeder, der sich für die wirtschaftliche Entwicklung im Osten interessiert. „Der Tagesspiegel", das „Handelsblatt", die „Wirtschaftswoche", „Die Welt", ganz sicher auch „Der Spiegel" und diverse Fernsehmagazine haben über dieses „ostdeutsche Wirtschaftswunder" ausführlich berichtet. Früher, zu DDR-Zeiten, hätte man „Intershop" voller Glück und Pathos als „Botschafter unseres Landes", als „Botschafter des Friedens" gewürdigt. Aber dieser Vergleich hinkt natürlich: Es gab keinen freien Markt und über das Thema High-Tech in der DDR will ich lieber schweigen.

Für erfolgreiche Unternehmensgründungen in den ostdeutschen Ländern stehen neben der „Intershop AG" in Jena (und San Francisco) die „PC-Ware AG" in Leipzig, die „Jenoptik" mit ihren Schwerpunkten optische Systeme und Reinraumtechniken für Chipfabriken, aber auch einige Firmen im Bereich der Biotechnologie. Die Aktien dieser Neugründungen, dieser „blühenden Oasen" in Thüringen und Sachsen, werden wegen ihres Zukunftskapitals an der Börse erfolgreich notiert, so daß die Spaltung zwischen notierten und nicht notierten Unternehmen nicht mehr entlang der ehemaligen deutsch-deutschen Grenze verläuft. Diese hat sich vielmehr in die Nord-Süd-Richtung verlagert: So wie Niedersachsen und Schleswig-Holstein ist auch Mecklenburg-Vorpommern aus Perspektive der Börsianer ein „Niemandsland".

Dieses Nord-Süd-Gefälle bei der Ansiedlung von Hochtechnologie verweist auf einen banalen Zusammenhang: Die Wirtschaft geht dahin, wo gute Forschung gemacht wird. Wenn wir erst einmal interessante und leistungsfähige Institute haben, dann kommen auch Fachleute und Investoren. Dresden ist ein gutes Beispiel. Dort sind heute fast alle großen Wissenschaftsorganisationen vertreten; es gibt die Technische Universität und die Fachhochschule. Die Industrie ist gefolgt: AMD und Siemens haben moderne Chipfabriken errichtet, VW ist unterwegs. Und mehr als 400 weitere Firmen – Zulieferbetriebe, Anwender, Ingenieurbüros und Softwarehäuser – haben sich in der Region niedergelassen.

Die politischen Konsequenzen zur Förderung der neuen Ökonomie und damit zur wirtschaftlichen Förderung der neuen Länder liegen auf der Hand:

Erstens: Die Benachteiligung Ostdeutschlands bei der Ausstattung mit Forschungskapazitäten muß abgebaut und die Wissenschaftsstandorte müssen ausgebaut werden. Forschung sollte endlich als Schlüssel-Kategorie beim Aufbau Ost anerkannt werden. Regionale Entwicklung setzt voraus, daß sich vorhandene Potentiale mit Innovationsträgern vernetzen, um auf den Märkten zu bestehen. Regionale Lösungen, allemal in europäischer Perspektive, brauchen wissenschaftlichen Vorlauf und Begleitung.

Zweitens: Notwendig ist eine Wissenschaftspolitik, die der Abwanderung von gut qualifizierten und motivierten Fachleuten Einhalt gebietet und die die Zuwanderung von Spezialisten nach Ostdeutschland fördert. Der Osten blutet wissenschaftlich aus, wenn hochqualifizierte Fachkräfte nicht gleich bezahlt werden wie ihre Kollegen im Westen. Der SPD-Bundestagsabgeordnete Ulrich Kasparick hat in den letzten zwei Jahren über 120 Wissenschaftseinrichtungen in den neuen Ländern besucht und festgestellt, daß schlechte Bezahlung und ein starres Haushaltsrecht drohen, die Forschungslandschaft in den neuen Ländern in die Mittelmäßigkeit abgleiten zu lassen.

Drittens: Notwendig ist, die demokratische Teilhabe wirklich aller Bevölkerungsschichten an der Wissenstechnologie zu sichern. Es gibt schon eine Reihe sinnvoller Initiativen seitens des Bundes und der Länder, aber bisher sind beispielsweise nur ein Viertel aller Schulen mit der notwendigen Technik für den Internetzugang ausgestattet. Wir brauchen ein kulturelles Klima, das den technischen Zugang der Bürger in das weltweite Netz ebenso fördert wie demokratisch geprägte Medienkompetenz.

Viertens: Zur Entwicklung der europäischen Arbeitsteilung und des Ausbaus von Wirtschaftsregionen gehört die Nutzung der vorhandenen Potentiale. In Ostdeutschland beträfe dies etwa die Förderung von Unternehmen im Bereich der Informationstechnologien mit ihrem Standortvorteil eines hochmodernen, dezentral verfügbaren Telekommunikationsnetzes. Intensiver zu fördern wäre auch die Entwicklung von Modellregionen der ökologischen Modernisierung durch dezentrale Energieversorgung. Beides sind Felder, von denen kleine und mittlere Unternehmen profitieren und in denen sie langfristig nutzbares Know-how erwerben können. Zu befördern ist dringend auch der Ausbau von Zentren der Forschung und Lehre, die sich – wie die Europa-Universität Viadrina – durch grenzüberschreitende Zusammenarbeit profilieren.

Fünftens, und hier gehe ich endgültig über den unmittelbaren Bereich der neuen Technologien hinaus, ohne sie jedoch wirklich aus dem Blick zu verlieren: Jede Investition in die Wettbewerbsfähigkeit des Ostens bringt uns auch der Lösung des innerdeutschen Transferproblems näher. Von den derzeit jährlich 140 Milliarden DM Nettotransfer kommen ca. 35 Milliarden DM für Investitionen in Frage. 140 Milliarden DM sind etwa 3,5 Prozent des deutschen BIP, oder das, was durch Wirtschaftswachstum jährlich hinzu kommt. Wenn es zu einem Investitionsschub kommen soll, muß die relative Höhe des Transfers mittelfristig festgeschrieben werden. Nur so kann der festgestellte Nachholbedarf bei der öffentlichen Infrastruktur im nächsten Jahrzehnt überwunden werden, nur so besteht eine Chance auf den Abbau der in den neuen Ländern doppelt so hohen Arbeitslosenquote. Bund und Länder sollten beim „Solidarpakt" und beim Länderfinanzausgleich frühzeitig die richtigen Weichen stellen, um den Osten in einer konjunkturellen Aufwärtsphase des Westens nicht zu „verlieren".

Unser Blick richtet sich nach Europa, er orientiert sich an der Ost-Erweiterung der EU. Die Zusammenarbeit mit unseren künftigen Partnern – soviel ist sicher – wird uns nicht gelingen, wenn wir ihnen mit Überheblichkeit, mit Vorurteilen oder gar mit Haß begegnen. Wir alle sind gefordert, dem Fremdenhaß und der Gewalt, aber auch dem Ermöglichen von Fremdenhaß und Gewalt aus unserer Mitte heraus aktiv zu begegnen. Das neue, das europäische Leitbild ist eine erhebliche mentale und kulturelle Herausforderung für alle Ostdeutschen, daran besteht kein Zweifel.

Die Gestaltung der deutschen Einheit ist kein Freizeitpoker, das wußten wir von Anbeginn. Eingebettet in den europäischen Wandlungsprozeß ist sie nur als Gemeinschaftswerk zu denken. Ermunternd sind die Zahlen einer neuen Forsa-Studie, nach der die überwältigende Mehrheit junger Menschen in Deutschland die deutsche Einheit gutheißt. Nur jeder Zehnte Deutsche im Alter zwischen 14 und 35 Jahren hält die staatliche Vereinigung für einen Fehler. Gleichwohl meinen 37 Prozent der Ostdeutschen und 26 Prozent der Westdeutschen, Ost und West würden nie richtig zusammenwachsen. Na denn, beweisen wir ihnen das Gegenteil!

Stoff genug für eine deutsche Kultur- und Identitätsdebatte

Dankrede anläßlich der Verleihung des
Ignatz-Bubis-Preises am 15. Januar 2001
in Frankfurt am Main

Die Verleihung dieses Preises, verbunden mit diesem Namen, macht nicht nur stolz, sondern auch beklommen und verlegen. Lassen Sie mich also zunächst Dank sagen – Dank auch für Ihre Laudatio, sehr verehrter Bischof Lehmann. Ich bin sicher, Ignatz Bubis wäre sehr einverstanden damit gewesen, daß der Vorsitzende der katholischen Bischofskonferenz die Laudatio hält bei der Verleihung eines Preises, der dem Andenken und dem Lebenswerk eines Deutschen jüdischen Glaubens gewidmet ist.

Vor wenigen Wochen ist hier in Frankfurt auf Beschluß des Rates eine Brücke nach Ignatz Bubis benannt worden. Dieses Symbol könnte nicht glücklicher gewählt sein. Ingnatz Bubis war in der Tat ein Brückenbauer. Er baute Brücken – zwischen den Juden und den nicht-jüdischen Deutschen, aber auch weit darüber hinaus. Er engagierte sich für die Minderheiten in der Mehrheitsgesellschaft, förderte die Verständigung zwischen den gesellschaftlichen Gruppen, zwischen den Generationen, Kulturen und Religionen. Im Ausland, gerade in Israel und den USA, warb er immer wieder für Vertrauen in unsere parlamentarische Demokratie. Wie kaum ein anderer hat er sich für die Erinnerungsarbeit, gegen das Vergessen oder Verdrängen der Menschheitsverbrechen der Nationalsozialisten eingesetzt. Aber der Brückenbauer legte auch Wert darauf, daß die Brücken nicht nur in die Vergangenheit führten. Ihm ging es ebenso um Gegenwart und Zukunft, um die Stärkung unserer Zivilgesellschaft gegen ihre extremistischen Feinde.

Diese Lebensleistung für die Demokratie in Deutschland hat ein Mensch erbracht, der die Schrecken des Nationalsozialismus als Kind und junger Mann am eigenen Leib erfahren hat, der fast seine ganze Familie in den Konzentrationslagern verlor, dessen Vater vor seinen Augen abgeführt und in Treblinka ermordet wurde. Und dennoch sah Bubis das Land, aus dem die Täter stammten, als jenes Land, in dem er nicht nur leben, sondern öffentlich wirken, für das er sich engagieren wollte. Auf dieses Engagement, auf diese unnachahmliche Lebensleistung verpflichtet dieser Preis, ich weiß es.

Ignatz Bubis' bittere, ja resignative Lebensbilanz, kurz vor seinem Tode uns mitgeteilt, ist und bleibt ein Stachel in unserem Fleisch, so sehr ihr damals in der Würdigung seines Lebens widersprochen wurde und so sehr man ihr immer neu widersprechen möchte. Sind wir doch gemeinsam der Überzeugung, daß Deutschland kein rechtsextremistisches Land, daß unsere Demokratie gefestigt und die demokratische Wachsamkeit der Wählerinnen und Wähler beträchtlich ist. Die Lebendigkeit der immer noch wenigen, aber wachsenden jüdischen Gemeinden ist eine Gnade und ein Geschenk, mit der noch vor Jahren nicht gerechnet werden konnte. Es gibt vielfaches bürgerschaftliches Engagement gegen Rechtsextremismus und Ausländerfeindlichkeit, für Menschenrechte und Toleranz in unserem Land, ein Engagement auch und gerade von jungen Menschen, das viel mehr mediale Aufmerksamkeit verdiente. Unsere politischen, unsere staatlichen Institutionen mögen gelegentlich Kritik herausfordern, aber die Bundesrepublik ist weit, sehr weit entfernt von Weimarer Verhältnissen.

Dies gilt trotz und gerade angesichts von Parteispendenaffäre, BSE-Krise, Ministerrücktritten, Reformstreit, vielfacher Unzufriedenheit und Ost-West-Mißhelligkeiten. Wir Deutsche sind staatlich vereinigt und leben in Grenzen, zu denen alle unsere Nachbarn ja gesagt haben, wir leben in Frieden mit unseren Nachbarn. Wann hat es das alles schon einmal gegeben? Das ist ein unverdientes historisches Glück nach diesem vor allem auch durch Deutsche furchtbaren 20. Jahrhundert. Wir haben also die Chance, daß deutsche Geschichte endlich einmal gut ausgehen kann.

Und trotzdem, wenn ich es recht sehe, sind wir dieses freundlichen, hoffnungsvollen Befindens nicht wirklich sicher. Der Stachel im Fleisch! Haben wir doch im zehnten Jahr unserer wiedergewonnenen staatlichen Einheit mit Bestürzung wahrgenommen, was noch und wieder in unserem Lande möglich ist: Intoleranz, Fremdenhaß, Antisemitismus, Rechtsextremismus, die sich in mehr und brutaleren Gewalttaten niederschlagen. (Ich muß hier die schlimmen Zahlen nicht nennen.) Haben wir doch begreifen müssen, daß ausländerfeindliche Einstellungen ein Teil des Alltagsbewußtseins vieler Menschen nicht nur, aber vor allen auch im Osten Deutschlands geworden sind. Müssen wir doch begreifen, daß der Rechtsextremismus nicht mehr ein parteipolitisch isolierbares Randphänomen ist, sondern in die Mitte unserer Gesellschaft hineinreicht – man gehe nur in (ostdeutsche) Schulen, man beobachte die Skinheadszene und ihre Musik als ein Ferment der (ostdeutschen) Jugendkultur. Mit Bestürzung werden wir des Ausmaßes moralischer Entwurzelung gewahr: elementarste Regeln menschlichen Zusammenlebens gelten nicht mehr, alltägliche Gewalt nimmt zu, Angst breitet sich aus – an manchen Schulen, in manchen Klein- und Mittelstädten, auf dem „flachen

Land". (Ich male hier nicht schwarz, aber ich weiß, wovon ich rede, denn ich bin viel unterwegs.)

Erinnern Sie sich an die Meldung vor einigen Monaten über ein Strafverfahren gegen Taxifahrer, die nicht einmal zu ihrem Funktelefon griffen, um die Polizei zu holen, sondern kalt (oder womöglich zustimmend) zusahen, wie vor ihren Augen ein Ausländer fast zu Tode geprügelt wurde? Und – um den Blick zu wechseln – daß wir uns nicht mehr darüber aufregen, es scheinbar gar nicht bemerken, daß wir Gewalt zum wichtigsten Gegenstand unserer abendlichen Fernsehunterhaltung gemacht haben, das will mir auch nicht gerade als Beleg für die Verfeinerung unserer Sitten erscheinen.

Lohnt es sich, in dieser Sache und bei dem Thema überhaupt, an die Zivilgesellschaft zu appellieren? Ich hoffe es, und es ist ja nicht ohne Echo, wie die vergangenen Monate bewiesen haben. Unser Staat, unsere Polizei und Justiz tun jedenfalls mit gewachsenem Problembewußtsein und wachsender Entschlossenheit ihre Pflicht. Der NPD-Verbots-Antrag ist dafür ein Zeichen, ein unübersehbares und notwendiges!

Vor diesem Hintergrund, einem – soll ich sagen: „typisch deutschen"? – Zwiespalt von Befund und Befinden, von Chance und Gefährdung, vor diesem Hintergrund debattieren wir auch in Ostdeutschland seit einigen Monaten über den Begriff „Leitkultur". Und darauf möchte ich etwas ausführlicher eingehen (gewissermaßen in Erinnerung an meinen früheren Beruf, den des Kulturwissenschaftlers).

Lohnt es sich, über „Leitkultur" ernsthaft zu diskutieren? Es geht ja um ein Wort, zu dem sich bisher der rechte und präzise Begriff nicht einstellen will! Auch nach einigen Monaten Diskussion darüber scheint mir das der Fall. Aber vielleicht ist das Wort ja mit voller Absicht in seiner Ambivalenz gewählt worden. Denn es ging vielleicht nicht nur um einen präzisen Begriff, sondern auch um seine sehr suggestive Konnotation: „Wer zu uns kommt, soll sich gefälligst uns anpassen!" Das ist ein Satz, dem vermutlich die meisten Deutschen zustimmen, weil er an eine alltägliche Erfahrung von uns allen anknüpft: Wer unsere Wohnung betritt, möge sich so benehmen, daß wir ihn nicht rauswerfen müssen, aus Wut oder Verärgerung über sein Verhalten. Ein sehr suggestiver Satz also, an den sich aus Gründen intellektueller Redlichkeit und politischen Anstandes allerdings eine kleine Frage anschließen müßte: „Woran denn, bitte schön, soll sich da jemand anpassen?" Das ist die eigentliche Frage, um die die Diskussion kreisen müßte. Ich übersetze diese Frage in eine allgemeinere Form: Wieviel Gemeinsamkeit und welche Art von Grundübereinstimmung braucht unsere Gesellschaft, damit sie (möglichst) viel Verschiedenes, (möglichst) viel Verschiedenheit leben und aushalten kann? Als die Frage „Was hält unsere Gesellschaft zusammen?" wird dieses Thema schon seit Jahren heftig debattiert. Was sind die Bindekräfte in einer Gesellschaft, die sich immer stärker differenziert, die geprägt ist durch Individualisierung und Pluralisierung in vielerlei Hinsicht, die – schon um der eigenen ökonomisch-sozialen Vitalität willen – der Zuwanderung bedarf, also mit mehr ethnischen, religiösen, kulturellen Differenzen wird rechnen und leben müssen?

Das ist die vernünftige und eigentlich wichtige Frage, der wir uns zu stellen haben. Davon ist die Frage danach, was wir von denjenigen erwarten, die zu uns kommen, nur der vordergründige, wenn auch nicht unwichtige Teil. Bei deren Beantwortung sind wir uns offensichtlich schnell einig geworden: Die Beherrschung der deutschen Sprache, der Respekt vor Recht und Gesetz und die Anerkennung unserer Verfassung und der in ihr kodifizierten Grundwerte unserer Gesellschaft, der Menschenrechte und Bürgerpflichten in einem demokratischen Staat. Das ist, soweit ich sehe, zwischen den demokratischen Parteien unstrittig – egal ob man das nun Verfassungspatriotismus oder normativen Konsens nennt. Sind wir uns aber auch darin einig, daß dieser normative Konsens nicht in ein ethnisches Projekt, daß der Verfassungspatriotismus nicht ethnisiert werden darf? Dies nämlich wäre ein dramatisch gefährlicher Rückfall in einen Grundfehler der deutschen Geschichte, den die europäischen Juden, den unsere Nachbarn und den wir Deutschen selber im 20. Jahrhundert blutig bezahlt haben!

Aber ist diese Grundübereinstimmung gemeint, wenn man ausdrücklich von Kultur redet, geht Kultur in Verfassungspatriotismus auf? Wenn wir von gesellschaftlichem Zusammenhalt reden, meinen wir offensichtlich mehr. Übrigens auch mehr als jene Beziehungen, die über den Markt hergestellt werden, über Arbeit und Geld. Der gesellschaftliche Zusammenhalt nämlich reduziert sich nicht auf Marktbeziehungen, so wenig wir als Menschen in unseren beiden marktgemäßen Rollen, nämlich Arbeitskraft und Konsument zu sein, aufgehen!

Was übrigens ist an unserem notwendigen, wünschenswerten, gerühmten Verfassungspatriotismus eigentlich deutsch? Ich kann das nicht wirklich sehen. Der normative Konsens, der unsere Gesellschaft politisch trägt und zusammenhält, ist eine Errungenschaft der Verwestlichung Deutschlands nach 1945. Der Historiker Heinrich-August Winkler hat gerade ein zweibändiges Werk zur deutschen Geschichte der letzten zweihundert Jahre veröffentlicht unter dem programmatischen Titel „Der lange Weg nach Westen". Darin beschreibt Winkler den hochwidersprüchlichen und für uns und unsere

Nachbarn so opferreichen Prozeß der Entwicklung Deutschlands in die westliche Demokratie hinein, den Prozeß der Annahme der Grundwerte der westlichen Zivilisation. Unser normativer Konsens also ist nicht in irgendeiner besonderen Weise deutsch, sondern westlich, und das ist gut so!

Dieser Konsens ist gefestigt und, seien wir ehrlich, prekär zugleich Stachel im Fleisch: Das, mindestens, sollten wir gelernt haben aus unserem Erschrecken über Antisemitismus, Fremdenhaß und braune Ideologie in den Köpfen und Taten von Jungen und Alten in Deutschland. Angesichts erneuter Anschläge auf jüdische Einrichtungen müssen wir die Einsicht gewinnen: Die geschichtliche Lehre aus den Erfahrungen des Holocaust hat ein Volk offensichtlich nicht ein für alle Mal gezogen und gelernt; sie muß immer wieder neu, Generation für Generation vermittelt, angeeignet, gelernt werden. Deshalb sind die Debatten über angemessene und für die nachfolgenden Generationen wirksame Formen der Erinnerung, der Vermittlung geschichtlichen Wissens, der Holocaust-Padagogik notwendig und sinnvoll, so quälend sie manchmal sein mögen. Das schließt den Streit über das Holocaust-Mahnmal, die Topographie des Terrors und das Jüdische Museum in Berlin ein. Und das gilt auch für die Lehren aus der geschichtlichen Erfahrung mit der anderen, sehr anderen Diktatur in Deutschland, dem Kommunismus. Ich habe mir nicht vorstellen wollen, nicht vorstellen können, daß es in Deutschland jemals wieder jene unheilvolle ideologische Kombination von Nationalismus und Sozialismus geben würde.

Wir Demokraten wissen: Diktaturen bekämpft man am besten, bevor sie sich etablieren können – das ist in zweifacher geschichtlicher Lektion auf bittere Weise zu lernen gewesen. Die Demokratie verteidigt man am erfolgreichsten, so lange sie noch nicht in ihren Grundfesten erschüttert ist. Ich zitiere Wilhelm Hennis, den Altmeister der Politischen Wissenschaft in Deutschland: „Kein Regierungssystem ist so sehr von seinen äußeren Bedingungen abhängig wie das parlamentarische. Es ist die Luxusausgabe der Regierungsformen, von allen das anspruchsvollste. So wie es am leichtesten für Krisen anfällig ist, so ist es unter günstigen Voraussetzungen von allen das leistungsfähigste." Wilhelm Hennis ist nicht zu widersprechen.

Die Demokraten, Politiker wie Bürger, sind deshalb dazu aufgerufen, den demokratischen Grundkonsens immer wieder neu zu stiften. Das Wissen über seinen ungeheuren Wert immer wieder anzubieten, seine Gegner öffentlich zu stellen. Was haben wir schließlich Besseres und Überzeugenderes als das gute Argument und die positive geschichtliche Erfahrung?

Dazu gehört: Der Staat und insbesondere die demokratische Regierungsform sind kein Selbstzweck. Sie sind Mittel zum Zweck. Und wer Systemoppsition betreiben oder das ganze System abschaffen will, der sollte sich in dieser Gesellschaft vor der offensiv und selbstbewußt gestellten Frage zu rechtfertigen haben, ob er unsere Garantie der individuellen Freiheit, ob er die Gleichheit vor dem Gesetz, ob er die Freiheit der Meinung und der Religion, der Reise und der Wahl des Berufs, die Koalitions- und Versammlungsfreiheit beschneiden und beseitigen will. Man kann das alles wollen, allerdings nicht auf dem Boden des Grundgesetzes. Und ich möchte, daß auch in Zukunft die überwältigende Mehrheit der Menschen willens und in der Lage ist, Rückfälle in vordemokratische, deutschtümelnde, fremdenfeindliche, antisemitische Zustände zurückzuweisen und zu verhindern. Das wird um so eher gelingen, wenn das Grundgesetz begriffen und angenommen ist, wenn es bewußt und absichtsvoll von den Bürgern getragen wird.

Demokratie und Parlament und die Gewaltenteilung unseres Grundgesetzes sind keine beliebigen Formalismen, keine autoritären Setzungen, sondern sie sind die Instrumente dieser Gesellschaft, um die Menschenwürde und die individuelle Freiheit zu gewährleisten. Keine andere Staatsform kann das, keine andere will es überhaupt. Wer diese Ziele teilt, muß auch das Instrument bejahen. Nun ist gerade die Freiheit ein besonders gefährdetes Gut. Man erkennt ihren Wert am deutlichsten, sobald man sie verloren hat, sobald sie nicht mehr selbstverständlich ist. Schlimmer noch: Es tut nicht weh, wenn andere ihre Freiheit einbüßen, es tut erst weh, wenn die eigene Freiheit verloren gegangen ist. Eine Gesellschaft aber büßt ihre Freiheit scheibchenweise ein. Sobald sie dem Mitmenschen jüdischen oder islamischen Glaubens, dem ausländisch aussehenden Nachbarn genommen ist, sind die Voraussetzungen geschaffen, auch noch der nächsten und übernächsten Gruppe die Freiheit zu nehmen.

Kultur ist aber offensichtlich mehr als normativer Konsens, als Verfassungspatriotismus, als intellektuelle Werte-Übereinstimmung, als das Bewußtsein von der Kostbarkeit und Gefährdung der Freiheit und der Menschenwürde. Sie ist vor allem auch ein Raum der Emotionen, der Artikulation und Affektation unserer Sinne, ist ein Raum des Leiblichen und Symbolischen! Deshalb ist die Frage sinnvoll, wie das, worin wir intellektuell und politisch, also in gewisser Weise abstrakt übereinstimmen, emotional und symbolisch und leiblich als Bindekraft wirksam wird. Dies ist die eigentlich kulturelle Frage bei der durch das Wort „Leitkultur" angestoßenen Debatte.

Eine erste Antwort darauf führt zu einem nur vordergründig konservativen Stichwort. Es geht um den kulturellen Kanon unserer Gesellschaft: Was muß an Bildung, an kulturellem Wissen, an geschichtlicher Erinnerung mindestens vorhanden sein, damit überhaupt so etwas wie Verständigungsprozesse in unserer Gesellschaft möglich sind? Um sich zu verstehen, muß man eine gemeinsame Sprache beherrschen, das heißt aber nicht nur über deren Worte verfügen, sondern auch deren Bedeutungen beherrschen, und die sind nicht gänzlich ohne Geschichte und ohne Kultur zu haben. Die Frage also, was aus Geschichte und kultureller Herkunft wichtig ist für gegenwärtige Verständigungsmöglichkeiten, wird wieder drängender.

Was sollte zum Beispiel mit welchen guten, heute überzeugenden Gründen von den jüdischen und christlichen Traditionen vergegenwärtigt werden, die unser Menschenbild geprägt haben und ebenso die Aufklärung und das Projekt der Moderne? Oder warum und wie sollte ein junger deutscher Staatsbürger ausländischer Herkunft (und etwa islamischer Religion) den Nationalsozialismus und den Holocaust als Teil auch seiner geschichtlichen Herkunft begreifen? Also die Bibel und Luther und Kant und Goethe und das „Tagebuch der Anne Frank"!? Könnten wir solche Fragen beantworten, ohne uns allzu sehr auf einen starren, gänzlich unbeweglichen, unveränderlichen Kanon zu fixieren, sie vielmehr diskutieren als Fragen unserer Identität, bei der es um ein gelassenes Selbstbewußtsein unserer selbst geht, um eine Identität, die nicht allein und nicht zuvörderst auf die Abgrenzung von Anderem und Anderen angewiesen ist?

Zum Zweiten geht es um emotionale Ausdrucksmöglichkeiten, in denen wir uns wie selbstverständlich, also ohne Zwang und ohne Scham und ohne Zwiespalt als „Gemeinschaft" wiedererkennen können, in denen wir unserer Gemeinsamkeit, dem uns Verbindenden Ausdruck zu geben vermögen. Blicken wir auf unsere Nachbarn. Was zum Beispiel treibt die US-Amerikaner an, die, kaum erklingt ihre Nationalhymne, sich erheben und ihre Hand auf ihr Herz legen? Warum wäre uns (wohl) peinlich, was den Amerikanern selbstverständlich ist? Oder die Briten: Mit welcher Selbstverständlichkeit singen sie während des jährlichen Sommerabschlußkonzerts „The Last Night Of The Proms" durchaus imperiale Lieder mit („Rule Britannia ...")? Sie singen leidenschaftlich und zugleich mit einer gewissen ironischen Distanz, so daß ich als ausländischer Zuschauer keinerlei Ängste bekommen muß. Es ließen sich vergleichbare Beobachtungen aus Frankreich oder Italien oder Polen berichten und mit der Frage verbinden: Warum können unsere Nachbarn ihrer kollektiven Identität so emotional Ausdruck verleihen und wir nicht? Warum haben sie kulturelle Traditionen und Formen dafür und wie sollten sie bei uns Deutschen aussehen, wenn wir denn ein Bedürfnis danach empfinden?

Daß es dieses Bedürfnis auch bei uns gibt, ist schwerlich zu bestreiten. Ihm nachzukommen fällt uns angesichts unserer durch die Nazis verdorbenen nationalen Geschichte verständlicherweise viel schwerer als unseren Nachbarn. Aber unsere Geschichte lehrt auch: Unbefriedigtes Bedürfnis sucht sich verquere, ja gefährliche Formen seiner Befriedigung. Deshalb sollten wir uns, nachdem wir Deutschen nun staatlich vereinigt sind, dieser Frage neu stellen. Welche Zeichen, welche Symbole, welche Gesten haben wir für unseren Verfassungspatriotismus? Wie können wir den uns verbindenden normativen Konsens auch emotional und sinnlich bildhaft ausdrücken? Von oben angeordnet und kommandiert werden kann und darf dabei nichts. Wie sehr das schiefgehen kann, zeigt die Geschichte der DDR.

In unserem Zusammenhang sei *zum Dritten* an etwas Vergessenes erinnert: Zu Zeiten der staatlichen Spaltung der Nation war der Begriff der Kulturnation einigermaßen selbstverständlich. Wir Deutschen, so die Überzeugung damals, sind zwar staatlich gespalten, politisch getrennt, aber wir gehören dennoch zusammen und was uns verbindet, das sei die Kultur. Gilt diese Überzeugung nun gar nichts mehr? Wo wir nun eine Staatsnation geworden sind, bedürfen wir nun des Bandes der Kultur gar nicht mehr, ist der Begriff der Kulturnation also überflüssig, gar gefährlich geworden, wie manche in Erinnerung an problematische deutsche Debatten aus der ersten Hälfte des 20. Jahrhunderts behaupten? Ich glaube nicht. Was aber Kulturnation heute sein könnte, darüber sollten wir diskutieren, ohne in alte deutsche Ausgrenzungsmechanismen zurückzufallen.

Und damit bin ich *viertens* bei dem, was nach meiner Überzeugung die eigentliche und besondere Leistungsfähigkeit der deutschen Kultur ausmacht: In den glücklichen und großen Phasen der deutschen Kulturgeschichte hat unsere Kultur eine besondere Integrationskraft bewiesen; in der Mitte des Kontinents hat Deutschland in immer neuen Anstrengungen und geglückten Symbiosen Einflüsse aus West und Ost, Süd und Nord aufgenommen und sie zu eigener Kultur geformt. Darauf können wir kulturelles Selbstbewußtsein gründen, genau darin, in dieser Leistung hat unser größtes künstlerisches Genie, nämlich Goethe, zu Recht Weltgeltung erlangt. Und diese Integrationsleistung ist ohne das deutsche Judentum, ohne das „jüdische Element" in der deutschen Kultur gar nicht zu denken –

Moses Mendelssohn, Heine, Meyerbeer, Liebermann, Adorno: wieviele Namen müßte ich aufzählen.

Auf diese Geschichte und Tradition der kulturellen Integration sollten wir heute aufbauen, sie gilt es fortzusetzen. Dies wäre ein Begriff von deutscher Kultur, der nicht der Aus- und Abgrenzung bedarf, der nicht ein Begriff der kulturellen Feindschaft und Abwehr ist. Das wäre eine Tradition eines selbstbewußt-gelassenen, also europäisch-normalen Umgangs mit der eigenen kulturellen Identität, die sich nicht zurückdrängen und fixieren läßt auf die Ängste des Identitätsverlusts, sondern auf Aufnahmebereitschaft und kulturelle Bereicherungs-Neugier setzt, die Kultur begreift und praktiziert als einen Raum der Verständigung, der Anerkennung, der menschenverträglichen Ungleichzeitigkeit. Wir haben also Stoff genug für eine Kultur- und Identitäts-Debatte, die nicht mit Ängsten spekuliert und auf Vorurteile setzt!

Vorbild für alle Demokraten

Dankesrede anläßlich der Verleihung des Theodor-Heuss-Preises am 14. Juli 2001 in Stuttgart

Der Theodor-Heuss-Stiftung und ihrem Kuratorium danke ich für das Vertrauen, das sie mir mit der Zuerkennung des Theodor-Heuss-Preises entgegen bringen. Mir ist bewußt: Sie nehmen mich mit dieser Ehrung in die Pflicht. Denn Sie verbinden damit bestimmte Erwartungen an den Preisträger, an sein politisch-moralisches Handeln.

Dieses Handeln muß sich messen lassen am wirkungsmächtigen politischen Lebenswerk von Theodor Heuss – am Lebenswerk eines Politikers, der mit Leidenschaft für demokratische Ziele und Werte stritt und den antidemokratischen Bestrebungen seiner Zeit das eigene Engagement für die Grund- und Freiheitsrechte, für Menschenwürde, für Toleranz entgegensetzte.

Theodor Heuss war nach 1945 für lernende Demokraten – wie Hildegard Hamm-Brücher es einmal formulierte –, „so etwas wie eine Leitfigur, ein ‚Rocher de Bronze' im aufgewühlten Meer der politischen und menschlichen Katastrophen". Er hat die geistigen Grundlagen unserer Verfassung wesentlich mit geprägt und die parlamentarische Demokratie als Staats- und Lebensform beispielgebend verteidigt. Das Wissen um die Verdienste von Theodor Heuss bei der Ausgestaltung der politischen Kultur in Deutschland nimmt uns nachkommende Demokraten, Politiker wie Bürger, in die Pflicht.

Theodor Heuss, unser erster Bundespräsident, war schon zu Zeiten der Weimarer Republik davon überzeugt, daß die „Demokratie keine Glücksversicherung ist, sondern das Ergebnis politischer Bildung und demokratischer Gesinnung". Dies ist ein Satz, der immer wieder gerne zitiert, doch allzu selten hinterfragt, allzu selten auf seine Tauglichkeit für heute untersucht wird.

Der von Theodor Heuss verwendete Begriff der demokratischen Gesinnung klingt im Zeitalter der ethischen Diskurse zunächst ein wenig altmodisch, ein wenig verbraucht, ein wenig nach letztem Jahrhundert. Doch ist er das wirklich? Ist die Rede von „demokratischer Gesinnung" ein alter Hut, ein Verlegenheitswort, ein Unwort gar – wo wir doch mit Max Weber zwischen Gesinnungs- und Verantwortungsethik zu unterscheiden gelernt haben? Welches sind die Gesinnungen, die im Verständnis von Theodor Heuss die Demokratie tragen? Und welcher Gesinnungen bedarf die Demokratie heute?

Wer sich mit dem Verfassungs- und Demokratieverständnis von Theodor Heuss beschäftigt hat, weiß, daß dieses wesentlich gezeichnet war durch bittere geschichtliche Erfahrungen – durch das erlebte Scheitern der Weimarer Republik und durch das Wissen um die Verbrechen des Nationalsozialismus. Dieses historische Wissen und das Wissen um die eigene Mitverantwortung für den Lauf der Dinge prägten das politische Ethos des Bundespräsidenten. Ich zitiere aus einer Rede von 1949: „Wir dürfen nicht vergessen, dürfen auch nicht Dinge vergessen, die die Menschen gerne vergessen möchten, weil das so angenehm ist. Wir dürfen nicht vergessen die Nürnberger Gesetze, den Judenstern, die Synagogenbrände, die Abtransporte von jüdischen Menschen in die Fremde und das Unglück, in den Tod. Das sind Tatbestände, die wir nicht vergessen dürfen, weil wir es uns nicht bequem machen dürfen."

Dieses Es-sich-nicht-bequem-machen-Dürfen galt in

besonderem Maße auch für Heuss selbst, daran ließ er keinen Zweifel. Am 23. März 1933 hatte Theodor Heuss als Mitglied des Reichstags, sich der Mehrheit seiner Fraktion beugend, jenem Ermächtigungsgesetz zugestimmt, welches dann Reichstag und Reichsrat von der Gesetzgebung ausschloß und die nationalsozialistische Gewaltherrschaft erst ermöglichte.

Heuss trug bis zu seinem Lebensende schwer an diesem politischen Irrtum. Daß er ihn später öffentlich und selbstkritisch reflektierte, ihn durch tätige Reue, durch vorbildliches politisches Tun praktisch zu revidieren suchte, fundierte seine Glaubwürdigkeit und Integrität im höchsten Amte unserer Republik. Auch dadurch ist er ein Vorbild für alle Demokraten geworden und geblieben.

Demokratische Gesinnung im Heuss'schen Verständnis setzt auf die Veränderungsfähigkeit und Veränderungsbereitschaft von Menschen. Egal wie wir uns definieren, ob als Demokraten, als Liberale, als Christen: Wir haben nicht das Recht, Menschen dauerhaft auf ihre Vergangenheit zu fixieren, sie in das Gefängnis ihrer Geschichte einzusperren. Ganz im Gegenteil: Wir haben die Pflicht, den Menschen Veränderungen zuzutrauen, ihnen Umkehr und Läuterung zu ermöglichen. Umkehr und Läuterung sind urchristliche Motive, und diese Motive sind, so meine ich, auch in einer Demokratie gut aufgehoben und gehören zu ihren Grundlagen.

Für biographische Wandlungsprozesse haben wir in der Geschichte unserer Demokratie viele Beispiele – von Herbert Wehner bis Werner Höfer. Für mich lautet die entscheidende Frage, ob jemand Konsequenzen aus früheren Fehlern gezogen hat und ob er in der Lage ist, sich glaubwürdig für die Demokratie zu engagieren. Dazu gehört dann auch das Bekenntnis zum Rechtsstaat und zur Gewaltfreiheit.

Daß es in der Diskussion um die Wandlungsfähigkeit von Menschen um aktuelle Fragen geht, hat sich gerade erst in der geschichtspolitischen Debatte um den 68er Aufbruch in der alten Bundesrepublik gezeigt. Und es zeigt sich auch heute wieder, wo innerhalb und außerhalb der PDS kontrovers bis unversöhnlich über die historische Verantwortung der Partei und ihrer Mitglieder gestritten wird – über den Mauerbau und seine Folgen.

Wer von der Lernfähigkeit der Demokratie überzeugt ist, sollte auch den Menschen in der Demokratie Lernfähigkeit zugestehen. Ein System, das auf die bessere Einsicht der Menschen setzt, das seine Gegner und Feinde integrieren kann, ist jedem System unendlich überlegen, das seine Gegner und Feinde verfolgen, inhaftieren, ausbürgern muß, um überhaupt überleben zu können. Diese Offenheit gehört zur Demokratie, sie begründet ihre Attraktivität, stellt aber in Krisenzeiten zugleich auch ihren Angriffspunkt dar.

Und hier ist wieder, durchaus im Heuss'schen Verständnis, über demokratische Gesinnung als reflektierte Handlungsoption zu reden. Demokratie bedarf – und dies ist eine historische Grundeinsicht – der verbreiteten Bereitschaft, sich an den demokratischen Verfahren, am demokratischen Geschehen zu beteiligen, und zwar dauerhaft zu beteiligen, auch und gerade im Interesse anderer. Sie bedarf des selbstbestimmten Engagements möglichst vieler Bürgerinnen und Bürger. Denn diese sind die Akteure der Demokratie. Sie halten deren Lauf, deren Schicksal in ihrer Hand.

Theodor Heuss hat immer wieder darauf hingewiesen, daß Demokratie als Lebensform die Demokratie als Staatsform ergänzen müsse. Denn die Weimarer Republik war ja gerade an diesem nichtvermittelten Widerspruch zugrunde gegangen. Der ausgeprägte Mangel an überzeugten, verantwortungsbereiten, couragierten Demokraten wurde ihr zum Verhängnis.

Daß die Demokratie keine „Glücksversicherung°, kein Garantieschein, kein Selbstläufer ist, haben wir in den vergangenen zehn Jahren wieder zur Kenntnis nehmen müssen – in bestürzender Weise: Intoleranz, Fremdenhaß, Antisemitismus, Rechtsextremismus schlagen sich in brutalen Gewalttaten nieder. Ausländerfeindliche Einstellungen sind heute wieder Teil des Alltagsbewußtseins vieler Menschen. Sie sind kein Randphänomen in unserer Gesellschaft, sondern sie reichen hinein in deren Mitte, werden dort reproduziert.

Wir Parlamentarier, Lehrer, Journalisten, Eltern müssen uns fragen: Was haben wir falsch gemacht bei der Vermittlung demokratischer Werte, demokratischer Gesinnung, was haben wir versäumt, dem Selbstlauf überlassen? Wo wurzeln diese fürchterlichen Defizite in der Wertevermittlung? Und wie können wir diese Defizite beheben?

Eine Selbstvergewisserung über unsere demokratischen Werte findet offenbar bei uns in nicht ausreichender Weise statt. Viel zu lange haben wir übersehen, daß sich die von Theodor Heuss und anderen formulierten demokratischen Grundeinsichten, die 1949 Verfassungsrang erhielten und sich allmählich zum gesellschaftlichen Konsens entwickelten, nicht von alleine in die nächste Generation weiter vermitteln. Auf sie kann nicht immer voraussetzungslos verwiesen werden. Vielmehr müssen sie wieder viel mehr erläutert, begründet und vor allem von uns Älteren vorgelebt werden.

Gleichheit von Ungleichheit, Recht von Unrecht unterscheiden zu können, setzt einen Lernprozeß voraus. Die Demokratie und die rechtsstaatlichen Prinzipien als kostbares Angebot für Freiheit, Gerechtigkeit und gesellschaftlichen Zusammenhalt zu erkennen, bedarf der Mitwirkung, des Ausprobierens, der echten Teilhabe an politischen Gestaltungsaufgaben. Dafür müssen wir die Wege ebnen, dafür müssen wir Gelegenheiten schaffen. Und dazu müssen wir von allem die Jugendlichen immer wieder neu ermutigen – innerhalb wie außerhalb der klassischen Parteienlandschaft, in neuen, unkonventionellen Bündnissen.

Ich habe die Erfahrung gemacht, daß es sich lohnt, vor Ort – in Schulen, Klubs, Initiativen – das Gespräch zu suchen mit jenen Menschen, die sich öffentlich für die Demokratie engagieren, die der schleichenden Verbreitung von Angst entgegentreten, die ihre ausländischen Mitbürger gegen Pöbeleien, gegen drohende psychische und physische Gewalt verteidigen. Wir Politiker müssen diesen demokratisch gesinnten Menschen den Rücken stärken – in der unmittelbaren Begegnung und nicht nur über die Medien. Wir dürfen die Mutigen, die Aufrechten, die Engagierten um keinen Preis alleine lassen.

Die Theodor-Heuss-Stiftung zeigt auf ihre Weise, wie das gehen kann: Ich bin froh und dankbar, daß sie heute neben zwei anderen, sehr würdigen Initiativen dem Wurzener „Netzwerk für Demokratische Kultur" Öffentlichkeit und Anerkennung zuteil werden läßt. Gerade das Wurzener Beispiel zeigt, daß organisierter Widerstand gegen die rechtsextreme Szene möglich, äußerst sinnvoll und Schritt für Schritt auch erfolgreich ist. Wenn Bürger sich zusammentun, können sie Alternativwelten zur etablierten rechtsextremen Szene entwickeln und dafür sorgen, daß die Opfer von Haß und Gewalt nicht alleine bleiben.

Demokratische Gesinnung ist nicht nur in krisenhaften Situationen gefragt, sondern auch im ganz normalen gesellschaftlichen Alltag, im politischen Amt ebenso wie im Ehrenamt. Sie erfordert ein gerütteltes Maß an individueller Enttäuschungsbereitschaft. Wer etwas in Gang setzen, bewegen, verändern will, der muß auch zurückstecken können. Eine ausgeprägte Enttäuschungsbereitschaft, eine hohe Toleranzschwelle sind in der Demokratie Voraussetzung für das Aushandeln von Kompromissen, für die Annäherung unterschiedlicher Interessen. Hölderlin hat das Bild von der „Versöhnung mitten im Streit" geprägt, ein schönes und zugleich anspruchsvolles Bild, denn Streit ist das Wesen von Demokratie.

Demokratie nimmt die Menschen so, wie sie sind. Sie glaubt nicht an deren Unfehlbarkeit, und sie erwartet selten Heldentum. Die Demokratie geht davon aus, daß auch Politiker Menschen sind in allen Schattierungen. Sie sind keine Heiligen, die nicht hinterfragt, nicht kritisiert werden dürfen. Und weil dem so ist, hat sich die Demokratie Regeln zur Selbstkontrolle geschaffen. Sie verleiht Macht nur auf Zeit. Theodor Heuss sagte sehr treffend: „Demokratie ist Herrschaftsauftrag auf Frist", und er hat die Befristung der eigenen Amtszeit verteidigt gegen die Idee einer Sonderregelung – extra für ihn. Auch in diesem Verzicht auf Sonderrechte zeigt sich demokratische Gesinnung.

Demokratiche Verfahren leben von Einmischung, Beteiligung, öffentlicher Kritik, aber auch von der Optimierung und Veränderung ihrer Instrumente. Derzeit diskutieren wir parteiübergreifend, wie wir die parlamentarische Demokratie vitalisieren können, etwa durch die Einführung von Volksinitiativen, Volksentscheiden, Volksbegehren. Wenn die Bürger mehr Möglichkeiten bekommen, sich auch zwischen den Wahlen einzumischen, sich zu artikulieren, politische Forderungen einzubringen, die Legislative mit politischen Aufträgen zu versehen, kann das für unsere Demokratie, für deren Stabilität und Anziehungskraft, nur von Nutzen sein. Ich hoffe sehr, daß wir auch auf Bundesebene mehr Möglichkeiten direkter Bürgerbeteiligung schaffen können!

Zeitgemäße Kompetenzvermittlung, Darstellung und Begründung der demokratischen Werte, Erziehung zu demokratischer Gesinnung durch das eigene politische Verhalten, Kampf gegen Rechtsradikalismus und Fremdenfeindlichkeit – das sind Aufgaben, die sich uns – der Politik, der Bildung, den Medien, den Familien – in dieser Bündelung, in dieser Komplexität neu stellen.

Nie wieder in Deutschland
eine Diktatur zulassen

Rede anlässlich der offiziellen Gedenkveranstaltung des Berliner Senats zum 40. Jahrestag des Mauerbaus, am 13. August 2001.

Im Gedächtnis unserer Stadt ist die Mauer tiefer verwurzelt als die physische Abwesenheit dieses Bauwerks uns heute mitunter glauben macht. Es gibt Bilder, Worte, Gefühle, die man nie vergißt – die vom 13. August 1961 gehören dazu, sie sind für immer im kollektiven Gedächtnis der Berliner. Die zeitliche Distanz zu den Jahren der Teilung wächst und wächst, doch die Erinnerung vieler Menschen an dieses Kapitel unserer Geschichte, an die schlimmen mentalen, politischen und alltagspraktischen Folgen des Mauerbaus, ist für nicht wenige auf geradezu schmerzliche Weise lebendig. Das gilt besonders für die Berliner und ebenso für die Ostdeutschen. Auf unterschiedliche Weise waren beide fast 30 Jahre eingesperrt. Ich war 17 als die Mauer gebaut wurde und 46 als sie fiel. Wer wird ein so einschneidendes biographisches Datum vergessen können, verdrängen wollen! Nirgendwo sonst also ist die Erinnerung so lebendig wie in Berlin. Deshalb ist die Tatsache nicht überraschend, daß den Menschen das aktuelle Verhalten einzelner Politiker und Parteien zum Mauer-Unrecht nach wie vor als wichtiger Gradmesser für die Bewertung ihrer politischen Glaubwürdigkeit gilt. Und ich denke, dieser Maßstab wird seine Berechtigung auch künftig nicht vollends verlieren. Von einer weit verbreiteten emotionalen Distanz, von zunehmender politischer Gleichgültigkeit kann in dieser Frage wohl kaum gesprochen werden – trotz mancher Umfrage, die das Gegenteil nahelegt.

Dennoch: Es gibt wenig Anlaß für Zufriedenheit. Wir haben nach wie vor erheblichen Aufklärungs- und Vermittlungsbedarf. Das fängt damit an, daß wir noch nicht einmal die genauen Zahlen der Opfer des DDR-Grenzregimes kennen. Es sind sehr verschiedene Opferzahlen im Umlauf, doch der polemische Streit über sie trägt eher zur Verwirrung bei denn zur Aufklärung. Dabei ließe sich schon vieles erklären, würden nicht nur die Zahlen in den Raum gestellt, sondern auch die richtigen Bezugsgrößen genannt.

Nach bisherigem Forschungsstand können wir davon ausgehen, daß es an der ganzen innerdeutschen Grenze fast 1000 Opfer waren, daß allein an der Berliner Mauer über 230 Menschen bei der Flucht ums Leben kamen. Über einhundert von ihnen starben infolge direkter Gewaltausübung durch DDR-Grenzsoldaten, andere ertranken, starben an einer Fahrzeugsperre, stürzten aus selbstgebastelten Fluggeräten oder von Dächern in den Tod. Der fast 1000 Toten, ihrer besonders gedenken wir am heutigen Tag.

Wir alle kennen diese unerträglichen Bilder aus dem Jahr des Mauerbaus: Menschen, die sich aus Häusern an der Bernauer Straße abseilen, Menschen, die sich in die Rettungstücher der West-Berliner Feuerwehr fallen lassen, Menschen, die auch ohne jede Sicherung aus dem Fenster springen – sie alle in größter Panik.

Vom ersten Tag an war die Berliner Mauer untrügliches Symbol für einen politischen Zynismus, der vor keinem menschlichen Leid Halt machte. Vom ersten Tag an war die Berliner Mauer steingewordene Metapher einer menschenverachtenden Politik. Sie war es fast 30 Jahre lang und ist es bis heute.

Die kommunistischen Ideologen stilisierten die Grenze zum „Antifaschistischen Schutzwall". Dieser sollte einen angeblich drohenden Präventivkrieg der Westmächte vereiteln helfen und den Frieden in Europa retten. Wenn diese Lüge, die uns damals in der DDR immer wieder einzubleuen versucht wurde, wenn diese propagandistische Behauptung heute, 40 Jahre später, wiederholt wird, dann ist das eine dreiste Unverschämtheit.

In Wirklichkeit kam den brutalen Sperranlagen eine andere Funktion zu: Sie sollten nicht das Eindringen eines äußeren Feindes verhindern, nein: Sie sollten die ungebremste Fluchtwelle der DDR-Bürger stoppen. Das Verlassen der DDR galt ja schon vor dem Mauerbau als „Verrat" und wurde strafrechtlich verfolgt.

Zirka 2,7 Millionen Menschen verließen die DDR zwischen Oktober 1949 und August 1961 – für die SED eine vernichtende Abstimmung mit den Füßen. Neben den jungen gingen vor allem die gut ausgebildeten Menschen. Es gingen bis zu 10 Prozent der Abiturienten einzelner Jahrgänge. Es gingen 15 000 Studenten, 2500 Hochschuldozenten, 40 000 Lehrer, 6000 Ärzte, Zehntausende weitere Intelligenzler, überwiegend Techniker.

Wer damals ging, ging weg für immer. Mit Wiedereinreise auf Besuch war nicht zu rechnen.

Die SED-Führung wußte die vermeintlich Schuldigen für diese Fluchtwelle zu benennen: Schuld hatte der „Klassenfeind". Die SED machte „Kindesräuber", „Kopfjäger" und „Menschenhändler" im Westen, in der Bundesrepublik für den Massenexodus verantwortlich. An das gründliche Versagen der eigenen Politik, an den politischen Frust der Menschen im eigenen Land mochte und wollte im SED-Apparat niemand glauben.

Die mentalen, lebensweltlichen und politischen Folgen des Mauerbaus für die Menschen in der DDR waren am 13. August 1961 noch kaum abzuschätzen. Viele dachten, der absurde Spuk sei bald vorbei, die „geschlossene Gesellschaft" eine Fiktion. Doch sie sahen sich getäuscht – für 28 lange Jahre.

Der 13. August 1961 bedeutete eine gewaltsame Verhinderung von – zumindest doch denkbaren – historischen Alternativen zur DDR. Die Botschaft dieses Tages war ebenso radikal wie jene des 17. Juni 1953, als sowjetische Panzer den Arbeiteraufstand niederrollten: Jedem aktiven Freiheitsimpuls wurde am 13. August 1961, eine unmißverständliche Kampfansage erteilt. Auch nach außen verfehlte dieser Tag seine Wirkung nicht – er zementierte den Kalten Krieg – auf Kosten der Menschen.

Innenpolitisch nutzte die SED-Führung ihre neu gewonnene „Handlungsfreiheit" für noch stärkere Repressionen. Im Schutz der Mauer inszenierte sie einen offenen Kampf gegen freie Informationsbeschaffung und Meinungsbildung. Unter der Parole „Aktion Blitz – kontra NATO-Sender" stiegen FDJler überall im Land auf die Dächer der Wohnhäuser. Sie zerstörten die zum Empfang westdeutscher Sender ausgerichteten Antennen und denunzierten deren Besitzer öffentlich als „gefährliche Feinde der Republik".

Die Strafjustiz in der DDR verstärkte in der zweiten Hälfte 1961 ihren Kampf gegen sogenannte „Staatsverbrecher". Die Zahl der politischen Prozesse stieg sprunghaft. Den Hauptanteil an politischen Delikten machte von nun an der Straftatbestand „versuchte Republikflucht" aus. Bis 1989 wurden weit über 70 000 Personen wegen ihres Versuchs, die DDR ohne Genehmigung zu verlassen, inhaftiert, verurteilt, ins Zuchthaus gesteckt. Ihr „Verbrechen" bestand im Wunsch nach Autonomie, nach Freizügigkeit, nach Freiheit.

Der so eingängige Begriff „Mauer", „Berliner Mauer"

hat sich über die Jahrzehnte in unsere Sprache eingebürgert, und dabei scheint dieser Begriff doch eher geeignet, das Grauen des mit diesem irrsinnigen Bauwerk verbundenen Grenzregimes zu verharmlosen.

Die „Mauer" – das war sehr viel mehr als nur jene Wand aus 3,60 Meter hohen und 2,6 Tonnen schweren Betonplatten, die ältere Berliner noch aus eigener Anschauung, jüngere Menschen doch wenigstens aus dem Fernsehen oder aus der Zeitung kennen.

Schon im August 61 begann ein tief gestaffelter Ausbau der Grenzanlagen. Die provisorischen Hindernisse wurden schnell durch Schneisen, Betonblöcke und Panzergräben ersetzt. Im Laufe der Jahre kamen elektrische Signalzäune, Stolperdrähte und an der Westgrenze auch Minenfelder und Selbstschußanlagen hinzu. Es wurden Beobachtungstürme, Bunker, Hunde-Laufanlagen, Kolonnenwege errichtet. An dieser Grenze wurde nicht gespart.

Das Sicherungssystem erreichte eine perverse Perfektion – vor Ort, aber nicht weniger auch im „Hinterland". Spätestens in den 70er Jahren war die Praxis der staatlichen Grenzsicherung auf das gesamte Territorium der DDR ausgedehnt. Die Mehrheit der potentiell Flüchtigen wurde bereits im Hinterland durch ein Netzwerk von Überwachungsorganen erfaßt und festgenommen. Zu diesen Überwachungsorganen zählten neben den Grenztruppen auch die Staatssicherheit mit ihrem Spitzelapparat, die Transportpolizei, die Kriminalpolizei mit einer eigenen Unterabteilung „Staatsgrenze", die unzähligen freiwilligen Polizeihelfer – unter ihnen manche Nachbarn, Arbeitskollegen, Vorgesetzte und sogar Freunde. Ein perfides, nur aus Sicht der Mauerbauer „effektives" System: Von hundert Fluchtwilligen waren maximal fünf erfolgreich. Viele sind gar nicht erst in die Nähe der Grenze gekommen.

Schon am 20. September 1961 verständigte sich das SED-Politbüro über den Einsatz von Waffen an der innerdeutschen Grenze. Seine Forderung war eindeutig: „Gegen Verräter und Grenzverletzer ist die Schußwaffe anzuwenden." Wer schoß und traf, der wurde belobigt.

Hier in Berlin, in Ost wie West, konnte jeder wissen, was an der Grenze los war, wann geschossen und wann gestorben wurde. Dafür sorgten Rias und SFB.

Das Leben an der Mauer hatte allerdings auch eine zweite, eher unspektakuläre Seite: Schon kurz nach 1961 passierte etwas, was heute nur schwer zu vermitteln ist. Ein merkwürdiges Phänomen: Das Alltagsleben in der Stadt, in beiden Teilen, geriet durch den Mauerbau nur für eine relativ kurze Zeit ins Trudeln. Schon bald begann ein langsamer, schleichender Gewöhnungsprozeß, der wohl auch in der demonstrativen Gelassenheit gründet, mit der die westlichen Alliierten auf den Mauerbau reagierten. Das Leben – wie man so sagt – „normalisierte" sich: Die Berlinerinnen und Berliner, hier wie da, arrangierten sich mit der Grenze – Schritt für Schritt. Und irgendwann, vor allem für die Jüngeren, war sie eben einfach da, gehörte sie zum gewohnten Bild der geteilten Stadt.

Die Mauer warf Schatten, doch in diesen Schatten richteten viele sich ein, so gut es eben ging. Und später guckten sie, um diese Mauer ertragen zu können, einfach nicht mehr hin. Alltag, Beruf, Familie, Freunde – all das nahm einen ja genug in Anspruch.

Dieses Arrangement war kein fröhliches Arrangement, im Gegenteil, aber es funktionierte halbwegs. Es funktionierte, obwohl die Grenze doch immer präsent war – im Stadtbild, in den Köpfen, in den Herzen. Die Mauer sah man aus der S-Bahn, vom Fernsehturm, vom Riesenrad im Plänterwald. Man spürte sie schmerzlich, weil die Familie in zwei Welten lebte, in Ost und West. Man wurde an sie erinnert, wenn wieder ein Freund, ein Kollege, ein Verwandter sich verabschiedete – „in den Westen" ging, „rübermachte", „abhaute". Wenn der Kreis jener, mit denen man auch seine politischen Positionen teilte, immer kleiner und kleiner wurde. Wenn die Unangepassten gingen und mit ihnen ein weiteres Stück der eigenen Hoffnung. Der Hoffnung auf Änderung dessen, was einschränkte, begrenzte, was die eigenen Ansprüche ans Leben zu dominieren suchte, eben all dessen, was einem politisch im Nacken saß.

Das Weggehen, das Wegbleiben der Freunde – das zählte zu den kaum erträglichen Herausforderungen in den Zeiten der Mauer, und es entmutigte.

Viele Menschen gingen weg aus der DDR, weil sie mit ihrer politischen oder ihrer christlichen Überzeugung keine Zukunftschancen sahen für das Land, weil sie keine Hoffnung hatten, die Verhältnisse politisch ändern zu können.

Nicht wenige gingen, weil sie den Schikanen der Staatssicherheit, den andauernden Verleumdungen und Demütigungen entkommen wollten. Andere „wurden gegangen" – ausgewiesen, ausgebürgert, ihrer letzten Rechte beraubt.

Und viele blieben, weil sie das Geflecht menschlicher Beziehungen, in das sie biographisch und beruflich hineingewachsen waren, nicht noch weiter zerreißen wollten, weil sie auf Familie, Gleichgesinnte, Freunde keinesfalls verzichten mochten. Viele lebten ein anständiges Leben, gingen ihrer Arbeit nach, engagierten sich, auch politisch, so gut es eben ging oder soviel sie sich zutrauten, in der Kirche oder in informellen Gruppen.

Und so wiederhole ich: Es ist notwendig, einen Unterschied zu machen zwischen dem Urteil über das System, das die Mauer errichtete, und dem Urteil über die Menschen, die in diesem System gelebt haben, leben mußten, und die nicht alle gescheitert sind. Auch wenn es manch einer nicht hören will: Es gab das wirklich – das richtige Leben im falschen System.

Wenn wir uns heute an den 40. Jahrestag des Mauerbaus erinnern, dann haben wir auch gute Gründe, an jene historischen Augenblicke zurückzudenken, in denen dieses monströse Bauwerk mit einer Gesamtlänge von 155 Kilometern zu bröckeln begann und schließlich zum Einsturz gebracht wurde – im Herbst 1989.

Noch im Januar 1989 hatte der greise, wirklichkeitsblinde SED-Chef damit gedroht, dass diese Mauer auch in fünfzig und in hundert Jahren stehen würde – mit all ihren Konsequenzen. Und dann? Nur zehn Monate später lagen sich Ost- und West-Berliner überglücklich in den Armen, ohne daß ein Schuß gefallen, ohne daß Blut geflossen war. Statt einer chinesischen Lösung gab es Sekt und Freudenfeste.

Das Unfaßbare dieses Ereignisses fand Ausdruck in dem am häufigsten verwendeten Wort jener Tage: Wahnsinn. „Wahnsinn" war die sprachliche Metapher für jenes überschäumende Glücksgefühl und für das Unerhörte dieses geschichtlichen Moments, in dem Individuelles und Welthistorisches miteinander verschmolzen, in dem sich Ende und Neubeginn, biographische Chancen und historisches Glück miteinander verbanden.

Die Selbstbefreiung der Ostdeutschen, der Fall der Mauer, der Aufbruch zur Einheit – das war eine euphorische, eine herrliche Zeit. Heute wissen wir: Für manch einen war es auch eine Zeit neuer Illusionen, unrealistischer Erwartungen, nicht einlösbarer Hoffnungen. Nicht alle Träume reiften, nicht alle Träume konnten reifen.

Dennoch: Für Millionen von Menschen, auch für mich, zählt das Erleben des Mauerfalls zu den schönsten, zu den wichtigsten Momenten ihrer Biographie. So wie 28 Jahre zuvor – allerdings in genauer Umkehrung der Gefühlslage – der Mauerbau für Millionen Deutsche einen schmerzhaften biographischen Einschnitt bedeutete, einen Bruch in ihrer Lebensplanung, eine schwere Belastung für ihre familiären und freundschaftlichen Bindungen.

Die Revolution in der DDR, die '89/90 zum Fall der Mauer und in die Einheit führte, hatte viele Väter und Mütter, denen unser Herzensdank gebührt – und zwar nicht nur an den üblichen Gedenk- und Feiertagen: Zur Erosion des Staatssozialismus und damit auch zum Fall der Mauer trugen bei: die Charta '77 im heutigen Tschechien, die Gewerkschaft Solidarnosc, die den Runden Tisch erfand, Michael Gorbatschow, der dem Kalten Krieg den Rücken kehrte, die Ungarn, denen wir die ersten Löcher im Grenzzaun verdanken, und natürlich die Oppositionsgruppen, die Bürgerrechtler in Berlin, Leipzig, Jena und anderen Städten.

Zum Fall der Mauer trug wesentlich auch die Deutschlandpolitik der Bundesrepublik von Willy Brandt und Egon Bahr über Helmut Schmidt und Dietrich Genscher bis Helmut Kohl bei – auch ihnen gilt besonderer Dank.

Willy Brandt, der den Mauerbau als Regierender Bürgermeister von Berlin erlebte, und Egon Bahr entwickelten in den 60er Jahren – vom politischen Gegner verkannt – die Grundlagen einer neuen Ostpolitik. Dieser lag die Einsicht zugrunde, daß mit der „Politik der Stärke" die deutsche Frage nicht zu lösen sei. „Wandel durch Annäherung" – Klaus Wowereit nannte den Begriff schon – meinte nicht Solidarisierung mit dem ostdeutschen System, zielte nicht auf ein „sich Abfinden" mit der Teilung, sondern setzte auf humanitäre Erleichterungen, auf mehr Freizügigkeit, auf das Abtrotzen immer neuer Zugeständnisse, konkrete Politik für Menschen, die für sich selbst nicht Politik machen konnten.

Brandts Entspannungspolitik wurde durch den KSZE-Prozeß europäisiert. Sie leitete langfristig eine Entwicklung ein, die zur Überwindung der Spaltung Deutschlands und Europas führte. Sie ebnete der Wiedervereinigung den Weg. Wir wissen: Es war ein kurvenreicher, ein komplizierter, letztlich aber ein überaus erfolgreicher Weg.

Die im Herbst 1989 gebotene historische Chance ergreifen, die starren Verhältnisse im Lande aufbrechen, politische Änderungen herbei demonstrieren – das allerdings mußten die DDR-Bürger selbst. Ihr eigener Protest, ihr eigenes Tun waren elementare Voraussetzung dafür, daß die Mauer fallen konnte, daß die Siegermächte des Zweiten Weltkriegs und die Nachbarn in Europa den deutsch-deutschen Wunsch nach Herstellung der staatlichen Einheit akzeptierten.

Der Fall der Mauer war nicht nur ein symbolisches Ereignis ersten Ranges, das beispielhaft für Zivilcourage und für die Macht des Volkswillens steht. Der Fall der Mauer und die Herstellung der deutschen Einheit am 3. Oktober 1990 veränderten das Nachkriegseuropa gründlich. Wir dürfen nicht vergessen: Erst mit dem 3. Oktober 1990 ist Deutschland in die volle völkerrechtliche Gleichberechtigung entlassen worden. Erst mit dem 3. Oktober 1990 und dem Ende der deutschen Teilung konnte der völkerrechtliche Schlußstrich unter den Zweiten Weltkrieg gezogen werden. Mehr noch: Alle Grenzen um Deutschland herum sind heute wechselseitig anerkannt. Und das gab es in der deutschen Geschichte nie zuvor!

Deutschland ist heute eingebunden in die europäische und atlantische Gemeinschaft, zu denen auch unsere östlichen Partner gehören werden. Sie haben uns 1989/90 geholfen, und jetzt ist es an uns, ihnen zu helfen auf ihrem Weg in das europäische Bündnis.

Deutschland ist heute umzingelt von Freunden – auch das ein Novum in unserer Geschichte! Die Mauer hat Geschichte geprägt und sie ist heute selbst Teil der Geschichte, Teil persönlicher Erinnerungen, auf immer bewahrt im kollektiven Gedächtnis. In den letzten zehn, elf Jahren hat sich das Erscheinungsbild Berlins, des vereinten Berlins, stark gewandelt. Die Stadt ist zusammen gewachsen, räumlich und baulich; kulturell und mental wächst sie, unter Schmerzen und Widerborstigkeiten, zusammen. Der brutale Schnitt durch die Stadt, der einst ihren Alltag bestimmte – vom Verkehrsfluß bis zu den täglichen Gewohnheiten der Menschen –, ist für Touristen und für junge Leute nur noch schwer rekonstruierbar, der Geist jener Jahre nur schwer nachfühlbar.

Die verständliche Freude über den Mauerfall hat dazu geführt, daß heute die Spuren dieser Grenze weitgehend aus dem Stadtbild verschwunden sind. Das Abräumen, das Einebnen dieser DDR-Hinterlassenschaft erfolgte überaus gründlich. Und das ist nur aus einem Grund bedauerlich: Es erschwert die Vermittlung eines authentischen Geschichtsbildes.

Gleichwohl: Wer sich heute über die doppelte Vergangenheit der Stadt Berlin, über die Schrecken und Folgen der jahrzehntelangen Teilung informieren will, findet Anhaltspunkte, Informationsstellen, kleinere Gedenkorte. Die Narbe im Stadtkörper ist nicht verschwunden, und sie darf nicht verschwinden: Sie gehört zum Gesicht dieser Stadt. Sie erinnert an menschliches Leid, ausgelöst durch ein unmenschliches System.

Daß diese Erinnerung wachgehalten wird, verdanken wir wesentlich dem Engagement von Opferverbänden, freien Trägern, öffentlichen Institutionen, Kirchen, Stiftungen und einzelnen Persönlichkeiten. Sie alle leisten eine sehr verantwortliche, zumeist ehrenamtliche Arbeit, die politische Anerkennung verdient.

Ihnen wird nichts geschenkt, oft nicht einmal die gebotene Aufmerksamkeit. Sie haben zu kämpfen gegen mancherlei handfeste Widerstände, gegen die Ignoranz und Gleichgültigkeit mancher Menschen, die nichts mehr hören wollen „von gestern", und sie haben zu kämpfen um finanzielle Unterstützung. Um so ermutigender sind die Ergebnisse ihrer Sisyphus-Arbeit.

Ein sehr anschaulicher und hart erkämpfter Ort der Erinnerung ist die Gedenkstätte Bernauer Straße, die auf dem ehemaligen Todesstreifen zwischen den Bezirken Mitte und Wedding einen räumlichen Eindruck von den Grenzanlagen vermittelt. Ich bin sehr froh, daß Manfred Fischer heute hier ist und zu uns sprechen wird: Was Pfarrer Fischer, was seine Gemeinde, was die Mitarbeiter der Gedenkstätte „Bernauer Straße" in den letzten Jahren geleistet haben, verdient ungeteilten Respekt.

Spuren des Grenzregimes lassen sich an vielen Ecken Berlins entdecken: An der Oberbaumbrücke, am ehemaligen Übergang Bornholmer Straße, am baulich und ästhetisch verfremdeten „Checkpoint Charlie", am Potsdamer Platz und am Friedrich-Ebert-Platz wird die Erinnerung wach gehalten. Ich begrüße die Entscheidung des Berliner Senats, eine Reihe von Erinnerungsorten an die Mauer unter Denkmalschutz zu stellen.

Wir brauchen diese authentischen Gedenkorte. Von ihnen darf und soll Irritation ausgehen, und sie dürfen im heute schicken Stadtraum ruhig wie eine Deformation oder wie eine Wunde wirken. Gedenkorte bedürfen nicht der Ästhetisierung, der Unterordnung unter andere Zwecke.

Die Aufgabe von Gedenkorten und von Gedenkveranstaltungen ist es, gedankliche Anstöße zu geben. Den Schrecken in all seinen Dimensionen können sie nicht reproduzieren. Sie können Denkprozesse auslösen. Sie können die Erinnerung an Geschichte wach halten und an die Opfer. Sie können auf eine subtile Weise vermitteln, welche historischen Verwerfungen das Leben von Generationen geprägt hat, das Leben der Eltern und, vermittelt über sie, auch das Leben der Kinder. Die Kinder können verstehen lernen, warum ihre Vorfahren so oder so handelten. Und sie können noch gezieltere Fragen stellen: Warum hast Du dich so oder so verhalten? Warum hast Du dieses getan und jenes unterlassen? Und wenn dies geschieht, dann kann Erinnerungsarbeit auch Gründe für heutiges Verhalten liefern. Dann ist Erinnerungsarbeit ein lebendiger, ein kommunikativer, ein heilsamer Prozeß, aus dem Verantwortung für die Zukunft erwachsen kann. Denn das ist die verpflichtende Erbschaft des Mauerbaus: Nie wieder dürfen wir in Deutschland eine Diktatur zulassen, niemals wieder Unfreiheit und Unterdrückung der elementaren Menschenrechte. Die Erinnerung an das kommunistische Regime und sein bösestes Bauwerk läßt uns, so hoffe ich, die Kostbarkeit von Freiheit, Demokratie und Rechtsstaat umso stärker empfinden, da wir an ihre Verletzlichkeit, ihre Zerstörbarkeit erinnert werden. Diese Werte zu verteidigen, zu pflegen, zu leben, je besser uns das gelingt, umso besser wird uns die Einheit gelingen, die wir durch die Überwindung der Mauer wiedergewonnen haben.